LES

ARTISTES CÉLÈBRES

DONATELLO

PAR

EUGÈNE MÜNTZ

Conservateur de l'École des Beaux-Arts
Lauréat de l'Académie française et de l'Académie des Beaux-Arts

« Le grand Donatello et le merveilleux Michel-Ange, les deux plus grands artistes qui aient existé depuis l'antiquité jusqu'à nos jours. »

BENVENUTO CELLINI.

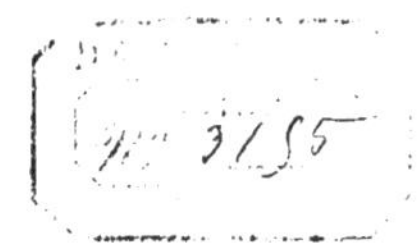

PARIS
LIBRAIRIE DE L'ART
J. ROUAM, ÉDITEUR
29, CITÉ D'ANTIN, 29

ENFANTS DANSANT. (CHAIRE DE PRATO.)

DONATELLO

— 1386-1466 —

INTRODUCTION

Le plus modeste, le plus désintéressé, et le plus dévoué des hommes, — comme artiste, le novateur le plus fougueux, le génie primesautier, libre et fier par excellence, tel a été le maître dont nous nous proposons de raconter la vie et d'apprécier l'œuvre. « Le grand Donatello et le merveilleux Michel-Ange, les deux plus grands hommes qui aient existé depuis l'antiquité jusqu'à nos jours », c'est en ces termes qu'un sculpteur justement fameux, Benvenuto Cellini, célébrait devant le grand-duc de Florence la gloire de son illustre devancier. Mais, tandis que, depuis trois cents ans, des admirateurs sans nombre n'ont cessé de prodiguer l'encens à Michel-Ange, il n'a été donné qu'à notre temps de réhabiliter celui qui a été avec lui, et avant lui, le maître souverain de la sculpture moderne. Que d'amour, que d'admiration, ne devons-nous pas témoigner, pour le venger d'un si long et injuste oubli, à l'artiste prodigieux, qui, debout avec son ami Brunellesco, à l'entrée du xve siècle, soutient sur ses épaules, comme un autre Atlas, le vaste et splendide édifice de la Renaissance, et inaugure l'ère des temps nouveaux, l'ère d'affranchissement à laquelle nous sommes fiers d'appartenir!

Dans cette œuvre de réhabilitation, les amateurs et le public ont marché plus vite que les historiens d'art : ce sont des précurseurs dans leur genre que les collectionneurs émérites qui ont, les premiers, deviné le génie du maître et à qui nous devons de posséder, de ce côté-ci des Alpes, un si grand nombre de ses chefs-d'œuvre, MM. Piot, His de la Salle, Robinson, Timbal, Édouard André, Gustave Dreyfus. Alors que, grâce à leur généreuse initiative, le nom de Donatello a recouvré toute sa popularité, même auprès des gens du monde, on chercherait en vain dans nos bibliothèques quelque travail d'ensemble sur ce génie si fécond et si varié.

L'auteur du présent essai considère comme une bonne fortune d'être appelé, sinon à combler une telle lacune, du moins à poser quelques jalons qui serviront à guider une admiration souvent encore bien inconsciente. Il s'aidera principalement, dans sa tâche, des découvertes faites par M. Charles Perkins, le savant auteur des *Sculpteurs italiens;* par M. le Dr Hans Semper, qui, dans ses *Précurseurs de Donatello* et son *Donatello*, a ajouté beaucoup de documents intéressants à l'histoire des travaux exécutés par le maître dans sa ville natale; enfin par MM. Burckhardt et Bode, dans leur ouvrage aujourd'hui classique, le *Cicerone, Guide de l'art antique et de l'art moderne en Italie.*

TÊTE D'ANGE. (SANTO DE PADOUE.)

CHAPITRE PREMIER

La famille de Donatello. — Condamnation à mort de son père — Premières années de l'artiste. — Le concours pour les portes du Baptistère. — Liaison avec Brunellesco. — Anecdote du crucifix. — Voyage à Rome (1403-1405). — Les chercheurs de trésors. — Retour à Florence.

Donato ou Donatello naquit à Florence ou dans les environs, entre les années 1382 et 1387, selon toute vraisemblance en 1386. Son père, Niccolò di Betto Bardi, était cardeur de laine; il s'occupait par-dessus le marché de politique et il apportait dans ces luttes toute l'ardeur d'un Italien du XIVe siècle. Exilé de Florence à la suite de la révolte des « Ciompi », il se réfugia à Pise, en compagnie de son ami Buonaccorso di Luca Pitti, qui nous a conservé le récit de ses prouesses. Là encore, son humeur inquiète lui suscita de graves embarras. S'étant pris de querelle avec un de ses compatriotes, membre du parti ennemi, il le tua d'un coup asséné sur la tête, et fut forcé, en conséquence, de prendre la fuite. Il trouva un asile à Lucques. Il n'y fut pas longtemps en paix; accusé dans sa patrie d'avoir entretenu des intelligences avec le comte de Durazzo, lors de l'attaque de celui-ci contre Florence, il fut condamné à être traîné sur le lieu du supplice, attaché à la queue d'un âne, et à avoir la tête tranchée; ses maisons et ses propriétés devaient être détruites, ses enfants traités comme rebelles. Cet arrêt ne tarda pas à être revisé, et, le 26 novembre de la même année (1380), Niccolò fut déclaré innocent et réintégré dans tous ses droits[1]. — Nous ignorons comment, où et quand il mourut.

Si le jeune Donatello hérita de quelques traits du caractère de son père, ce ne fut assurément pas de son amour pour la politique; jamais artiste ne montra autant d'éloignement pour toute discussion étrangère à son art. Mais dans son œuvre si mouvementé et si fiévreux ne semble-t-il pas qu'il y ait du sang de révolutionnaire?

L'enfant semble avoir révélé de bonne heure ses rares aptitudes, car nous voyons la noble famille des Martelli s'intéresser à lui dès ses pre-

1. Semper, *Donatello*, p. 1, 2.

mières années et le recueillir dans son palais. L'amitié qui le lia dans la suite à Robert, le futur chef de la famille, dura jusqu'à sa mort. Ce fut par les Martelli probablement, que le jeune sculpteur entra en relations avec les Médicis.

Aujourd'hui encore, plusieurs ouvrages célèbres, exposés dans le palais Martelli, rendent témoignage d'une amitié, qui honore également l'artiste et ses protecteurs.

Cependant le moment était venu de choisir un état : comme tous ses compatriotes, Donatello fit ses premières armes dans l'atelier d'un orfèvre; on croyait à cette époque qu'il n'y avait pas de pépinière plus propre à former un artiste accompli; il serait toujours temps, pour lui, pensait-on, de se spécialiser. Il ne serait pas impossible qu'il eût fréquenté également l'atelier du peintre Lorenzo di Bicci (né en 1350, mort en 1427). Du moins Vasari fait allusion à un travail exécuté par Donatello tout jeune sous la direction de ce maître. Ce qui est certain, c'est que dans la suite, en 1412, Donatello se fit recevoir membre de la corporation des peintres de Saint-Luc, et que, vingt-deux années plus tard, en 1434, il composa, pour la cathédrale, un carton de vitrail.

Le plus ancien et le plus autorisé des biographes de Donatello, Georges Vasari, rapporte, incidemment, il est vrai, que le jeune artiste prit part en 1401-1403 au fameux concours pour la porte du Baptistère de Florence. Mais c'est là, très certainement, une erreur. Même en admettant que l'artiste fût né en 1382, il n'aurait compté à ce moment que dix-neuf ans, et on ne l'aurait pas reçu parmi des concurrents aussi éprouvés que Giacomo della Quercia, Brunellesco, Bartoluccio, le beau-père de Ghiberti, Ghiberti lui-même, Niccolò di Piero d'Arezzo et autres. Mais si l'on accepte pour date de sa naissance, comme on le fait communément, l'année 1386, sa participation au concours devient absolument impossible; ce n'est pas à quinze ans que l'artiste, même le plus précoce, eût obtenu la faveur de prendre part à une épreuve aussi sérieuse.

Donatello n'eut donc pas, se réglant sur son ami Brunellesco, à faire acte de générosité vis-à-vis de Ghiberti. Il songea si peu à se poser en rival du vainqueur qu'il accepta plus tard de travailler sous ses ordres, comme ciseleur.

Ce concours mémorable exerça toutefois une influence décisive sur les études de Donatello, en ce sens qu'il détermina Brunellesco à partir pour Rome, afin d'y compléter ou plutôt d'y refaire son éducation : l'occasion était trop belle pour que Donatello la négligeât; il résolut d'accompagner son ami, et ce voyage, fécond entre tous, devint le point de départ de la grande révolution artistique qui ouvre l'ère des temps modernes.

Le sort de l'art moderne a été décidé, pour l'Europe entière, dans les quatre ou cinq premières années du xve siècle, et par cinq ou six hommes au plus. Simultanément, Claux Sluter, en Bourgogne, les Van Eyck, dans les Flandres, Brunellesco et Donatello, à Florence, lèvent l'étendard de la révolte et préconisent non plus l'imagination, mais la raison, non plus un idéal plus ou moins conventionnel, mais l'observation de la nature, à laquelle s'allie, chez les Italiens, l'étude de l'antique. Supprimez ces novateurs, alliés sans le savoir, et l'affranchissement se fera attendre cent années encore. Nées au commencement du xvie siècle, au lieu de l'être au commencement du xve, qui sait ce que seraient devenues et les écoles d'Italie et celles des Flandres!

Ce dut être, pour ces grands hommes, un moment délicieux que celui où, après avoir renversé le vieil édifice du moyen âge, ils virent sortir de terre l'édifice nouveau, si solide et si magnifique. Le succès couronnait leur audace; chaque jour était marqué par une conquête éclatante. C'est qu'il y avait à la fois dans leur imagination la fraîcheur, et dans leur cœur la générosité sans lesquelles les chefs-d'œuvre ne sauraient prendre naissance; il y avait de plus dans leur esprit cette maturité et cette autorité qui font les vrais chefs d'école.

Vasari raconte, au sujet des débuts de Donatello, une anecdote curieuse.

Le jeune orfèvre-sculpteur venait de terminer, pour l'église de Santa Croce, un crucifix de bois. Consulté par son ami sur le mérite du travail, Brunellesco, le railleur par excellence, se contenta de sourire. Pressé de questions, il répond enfin que Donatello lui semble avoir cloué sur la croix un paysan, et non un corps semblable à celui du Christ, qui était d'une structure si parfaite et l'homme le plus accompli en tout point. Donatello, piqué au vif, lui réplique : « S'il était aussi facile de faire que de critiquer, mon Christ te paraîtrait un Christ et non un paysan. Mais, allons, prends du bois et essaie d'en faire un à ton tour. » Brunellesco rentre chez lui, et sans en parler à âme qui vive, se met à sculpter lui aussi un crucifix; il s'y applique, plusieurs mois durant, désireux de ne pas s'exposer à un démenti, et réussit à donner à son ouvrage toute la perfection désirable[1]. Sa tâche accomplie, il invite un matin Donatello à venir déjeuner avec lui, et celui-ci accepte. Arrivés sur la place du Mercato Vecchio, il achète différentes denrées et les remet à son ami en lui disant: « Tiens, rentre à la maison, je te rejoins à l'instant. » Donatello, qui ne se doutait de rien, aperçoit en entrant, au rez-de-chaussée, le crucifix parfaitement éclairé. Il se place devant, pour l'examiner à loisir, et le trouve tellement parfait, que comme hors de lui, saisi, ravi d'admiration, il ouvre machinalement les mains qui tenaient son tablier : aussitôt œufs, fromage et tout le reste de s'échapper et de se répandre sur le sol. C'est ainsi que Brunellesco le surprend quelques instants plus tard. « Qu'est-ce à dire, Donato? s'écrie-t-il en riant. Que mangerons-nous, si tu jettes tout à terre? — Pour ma part, répond Donatello, j'ai eu mon compte ce matin. Si bon te semble, prends aussi le tien. Mais brisons là. A toi, il appartient de sculpter des Christs; à moi, de sculpter des paysans. »

Que de traits charmants dans cette anecdote, ces provisions achetées au marché par les deux plus grands artistes que Florence possédât alors (Vasari revient ailleurs encore sur cette habitude bien méridionale), ces œufs, ce fromage, qui s'échappent des mains de Donatello ravi, et les éloges qu'il prodigue à son émule!

Le Crucifix de Donatello orne aujourd'hui encore l'église de Santa Croce, celui de Brunellesco l'église de Santa Maria Novella. Le Christ de Santa Croce est modelé avec une grande liberté et une grande puissance, qui n'excluent cependant pas la brutalité, surtout dans la partie inférieure du corps. Le Christ de Brunellesco, par contre, est d'un faire minutieux et sec.

S'il était bien établi que la leçon donnée à Donatello par Brunellesco fût antérieure au voyage à Rome, on serait en droit de lui attribuer une influence considérable sur le développement de l'artiste. Aux yeux de Brunellesco, on l'a vu, le principal défaut de son ami était son réalisme,

1. Ces sortes de concours, presque de gageures, étaient fort à la mode en ce temps : on voit Donatello et Brunellesco exécuter également chacun une statue de Madeleine. (Semper, p. 146.)

c'est-à-dire sa tendance à mettre en lumière les côtés vulgaires ou prosaïques de la nature. Or, quel correctif plus puissant pour un tel penchant que l'étude de l'antique, cette étude que les deux jeunes Floren-

PORTRAIT DE DONATELLO, D'APRÈS VASARI.

tins allaient poursuivre ensemble, avec tant d'ardeur, sur les bords du Tibre!

La Ville éternelle, à l'époque où les deux amis foulèrent pour la première fois ce sol sacré, c'est-à-dire en 1403, offrait le tableau le plus navrant de l'anarchie et de l'abandon. Le sang coulait dans les rues, l'herbe poussait sur les palais des Césars. Dans leur férocité et leur ignorance, les habitants mutilaient comme à plaisir les monuments, chefs-d'œuvre de l'antiquité; ils envoyaient par charretées aux fours à plâtre les statues les plus précieuses. Pour des intelligences ouvertes, pour des esprits curieux, comme l'étaient Brunellesco et Donatello, Rome était la forêt vierge, dans laquelle, de mémoire d'homme, aucune cognée n'avait porté de coups, ou encore un de ces palais enchantés, dans lesquels d'innombrables trésors gisent à l'abandon, prêts à devenir la proie de l'aventurier qui saura rompre le charme en prononçant la formule magique. Ils avaient bien une vague idée ou plutôt un soupçon de ces merveilles par les descriptions qu'ils avaient entendues faire aux sculpteurs qu'on a qualifiés de Précurseurs de Donatello, Piero di Giovanni Tedesco et Niccolò di Piero di Lamberto d'Arezzo[1], peut-être aussi à quelque archéologue de la haute Italie, à un de ces Padouans ou de ces Véronais, passablement familiarisés dès lors avec l'antiquité, grâce aux leçons de l'immortel Pétrarque.

Les deux amis apportèrent dans leurs études, dans leurs investigations, une ardeur sans pareille. Ils explorèrent jusqu'aux moindres vestiges disséminés dans Rome ou dans la campagne romaine. Le bruit ne tarda pas à se répandre qu'ils cherchaient des trésors, et la foule, ne pouvant s'expliquer autrement leurs incessantes recherches au milieu des ruines, ne les appelait que « Quelli del tesoro », mot à mot ceux du trésor. Le fait est que parfois ils mettaient la main sur quelque médaille d'argent, voire d'or, ainsi que sur des pierres gravées. Pour subvenir à leurs besoins, bien modiques, — ils étaient sobres comme tous les hommes du midi, — ils revenaient de temps en temps à leur métier d'orfèvres, et telle était leur habileté qu'on leur apportait de l'ouvrage plus qu'ils n'en pouvaient accepter. La diversité des goûts ne tarda pas, toutefois, à éclater. Donatello (son contemporain et ami Antonio Manetti l'affirme expressément) n'avait d'yeux que pour la sculpture, sans montrer aucun intérêt pour l'architecture (senza mai aprire gli occhi alla architettura); Brunellesco, de son côté, mûrissait, sans en ouvrir la

1. J'ai essayé de faire connaître le rôle joué par ces deux artistes, ainsi que les premiers symptômes de Renaissance à Padoue et à Vérone, dans deux ouvrages auxquels je demande la permission de renvoyer le lecteur, *les Précurseurs de la Renaissance* (Paris, Rouam, 1882, p. 38 et suiv.) et *la Renaissance en Italie et en France à l'époque de Charles VIII* (Paris, Didot, 1885, p. 280 et suiv.).

bouche à son ami, les deux grands projets qui ont fait sa gloire, la résurrection de l'architecture antique et l'achèvement de la coupole de la cathédrale florentine.

La différence d'âge (Brunellesco avait environ dix ans de plus que Donatello), la dissemblance des caractères — autant le premier était circonspect, mystérieux et sarcastique, autant l'autre était expansif et affectueux — la diversité des goûts, ne firent que consolider cette amitié. Nous verrons l'architecte et le sculpteur travailler côte à côte au dôme de Florence, à la chapelle des Pazzi, à l'église Saint-Laurent, mener à fin de concert la mystification du *Grasso Legnajuolo* (voyez ci-après) ou se distinguer ensemble, comme ingénieurs militaires, au siège de Lucques.

La préférence accordée par chacun des jeunes artistes à l'art qu'il cultivait spécialement fut cause, plus tard, de l'unique dissentiment qui troubla cette longue et belle amitié. Donatello avait obtenu de Cosme de Médicis la faveur, inappréciable à ses yeux, de dessiner lui-même les chambranles des portes de la sacristie de Saint-Laurent, sans passer par le contrôle de l'architecte en chef, qui n'était autre que Brunellesco. De là, des critiques acerbes de ce dernier. Donatello, à son tour, se fâcha. L'affaire se termina par quelques sonnets mordants de Brunellesco, qui tint à dégager sa responsabilité devant la postérité. Heureuses époques que celles où tout finit par des chansons !

Mais revenons à Rome. Son séjour dans l'ancienne capitale du monde laissa des traces ineffaçables dans l'esprit de Donatello. Plus d'une fois, dans la suite, nous aurons l'occasion de montrer combien le sculpteur a dû à ce premier contact avec les chefs-d'œuvre de l'antiquité, et quelles conséquences cette campagne triomphale a eues pour l'art moderne.

Cependant, tandis que Brunellesco continuait ses études à Rome, où il passa en tout une quinzaine d'années, Donatello résolut de rentrer dans sa patrie. Ce fut lors de son voyage de retour, probablement, qu'il découvrit dans la cathédrale de Cortone ce beau sarcophage antique dont il parla plus tard à Brunellesco, en termes si enthousiastes, que celui-ci fit, tout exprès, le voyage de Florence à Cortone pour le dessiner [1].

C'est vers 1405 que Donatello revint se fixer dans sa ville natale. (Il figure, entre 1403 et 1407, sur l'état des ouvriers employés par

1. Voyez *le Tour du Monde*, 1882, t. Ier, p. 345, 350.

Ghiberti aux travaux de la première porte.) Dès 1406 il exécute pour son propre compte deux statues en marbre, deux prophètes, pour l'un des portails nord de la cathédrale. Il n'avait point cependant rompu entièrement à cette époque avec Ghiberti. En 1407 encore, il travaillait sous ses ordres, mais pendant peu de temps seulement. Ce qui le prouve, c'est que, sur son salaire annuel de 75 florins, il ne touche, à partir du mois de juin 1407, que 8 florins 4 sous. Parmi ses compagnons se trouvaient Michelozzo et Paolo Uccello, à qui tant de liens devaient l'unir dans la suite.

Ainsi, dès ses premières années, nous voyons Donatello se créer les amitiés les plus solides et en même temps accepter d'un cœur joyeux n'importe quelle situation, pourvu qu'elle lui permît de se livrer sans réserve à sa passion pour son art favori.

TÊTE D'ANGE. (SANTO DE PADOUE.)

SAINT GEORGES TUANT LE DRAGON.
(Bas-relief d'Or San Michele.)

CHAPITRE II

— 1405-1424 —

Premiers travaux à Florence. — L'Annonciation de Santa Croce. — Les statues d'Or San Michele et de Santa Maria del Fiore. — Le « Zuccone ». — Le Saint Georges. — Le Saint Jean l'Évangéliste de Donatello et le Moïse de Michel-Ange. — La névrose moderne.

L'étude de l'antique l'avait-elle convaincu, momentanément, de la nécessité de subordonner la recherche du caractère et de la vie à celle de la beauté, toujours est-il que l'*Annonciation*, sculptée en 1406 ou peu après, pour la chapelle Cavalcanti, à Santa Croce, — est le plus pur et le plus suave des hauts-reliefs de Donatello. On y constate, ainsi que l'ont fait remarquer les auteurs du *Cicerone*, cette préoccupation de l'élégance et de la noblesse qui frappent également dans les fameux bas-reliefs de la porte de la *Madonna della Cintola*, à la cathédrale de Florence, par Nanni di Banco, le disciple, et parfois l'émule de Donatello.

Marie, avec sa tête ronde et ses cheveux coquettement relevés, a un air de jeunesse et une grâce que Donatello n'a que rarement su mettre dans ce type favori du moyen âge. Dans son attitude, l'afféterie coudoie la grâce, et la recherche se mêle à l'émotion. Debout, près du fauteuil qu'elle vient de quitter, elle semble avoir voulu se diriger vers la droite, au moment où l'ange s'est présenté devant elle ; sa jambe et son pied droits sont encore tournés de ce côté, tandis que le haut de son corps fait face à l'ange, devant lequel elle s'incline, lui exprimant, une main posée sur son cœur, toute sa gratitude pour la nouvelle qu'il lui annonce.

Abstraction faite du dualisme dans le mouvement, et des plis disgracieux qu'il produit, la figure de la Vierge est belle, noble, touchante. Quant à celle de l'ange, s'apprêtant à mettre un genou à terre, tandis que sa gauche retient les plis de sa tunique et que, de sa droite légèrement levée, il annonce à Marie ses hautes destinées, elle est d'une grâce, d'une suavité, d'une éloquence, qui n'ont pas été dépassées. Par la pondération exquise du corps et des draperies, par l'émotion contenue, il rappelle les traditions d'André de Pise; par la liberté admirable de la pose et de l'arrangement, il annonce l'avènement des temps nouveaux.

Dans l'encadrement, la richesse de l'ornementation contraste avec la pauvreté de la matière première, qui est, non du marbre, mais de la simple pierre, cette pierre bleutée (la « pietra serena »), si commune dans les carrières des environs de Florence. Deux pilastres, au chapiteau composé d'un double masque, et au fût couvert d'écailles, reposent sur un soubassement enrichi d'oves, de guirlandes, de banderoles, d'écussons; ils supportent, à leur tour, un entablement luxueux, aux extrémités duquel se tiennent des petits génies, portant des festons : ce sont les premières en date de ces figures, à la fois si gauches et si ravissantes, d'une mièvrerie voulue, mises à la mode par Donatello. Debout, sur les bords de la corniche, se serrant l'un derrière l'autre, ils semblent effrayés en découvrant la hauteur à laquelle ils sont placés. Le motif est d'une naïveté et d'une fraîcheur exquises.

La période qui s'étend du retour de Donatello à Florence à son association avec Michelozzo est surtout remplie par les travaux destinés à Santa Maria del Fiore (la cathédrale de Florence) et à Or San Michele. Les Florentins, si embarrassés toutes les fois qu'il s'agissait de prendre une résolution virile pour l'achèvement de la coupole de la cathédrale, se plaisaient, comme pour dissimuler leur pusillanimité, à prodiguer les commandes secondaires. Une armée de statues a pris naissance de 1400 à 1430.

Mais la profusion de ces ouvrages n'est pas due uniquement aux scrupules de la conscience publique; elle marque aussi des préoccupations d'un ordre nouveau : l'art favori du moyen âge italien, c'était le bas-relief; l'art favori de la Renaissance, dominée par les souvenirs de l'antiquité, c'est la statue.

Le moyen âge avait pris à tâche de raconter, avec les détails les plus minutieux et dans le langage le plus prolixe, les faits et gestes des principaux acteurs de l'Ancien et du Nouveau Testament. Pour intéresser le public d'alors, il fallait une action développée avec soin, des acteurs

L'ANNONCIATION. (PARTIE INFÉRIEURE.)
(Chapelle Cavalcanti, à Santa Croce.)

nombreux, des scènes mouvementées, bref tout l'attirail de l'épopée, cette première forme de la poésie chez les nations jeunes.

De tous les arts, la sculpture en ronde bosse, réduite le plus souvent à un ou deux personnages, est celui qui suppose, soit le plus de foi (dans ce cas la statue devient comme une idole), soit le plus de désintéressement esthétique. Or, l'Italie du XIIIe et du XIVe siècle avait l'esprit trop curieux et trop inquiet pour se contenter de créations aussi abstraites. En outre, elle possédait, à un trop faible degré encore, le sentiment de la forme pour qu'une statue, dont tout le mérite consistait dans la pureté des lignes ou la finesse du modelé, pût captiver son admiration.

Qu'arriva-t-il? Les héros de ces épopées, qui, peu à peu, sous l'influence des deux grands dramaturges du moyen âge, Jean de Pise et Giotto, avaient tourné au drame, étaient comme noyés dans leur entourage. Le moment était venu de les dégager, de les mettre en lumière, de faire de chacun d'eux comme l'émule de ces dieux de la fable, qui, isolés sur leur piédestal, se suffisant à eux-mêmes, dominaient fièrement la foule, muette d'admiration devant leurs perfections. Ce fut la mission à laquelle se dévoua Donatello. Grâce à ses efforts, David et saint Georges, Judith et saint Jean-Baptiste, n'eurent plus rien à envier aux divinités, dont les statues mutilées sortaient enfin de nouveau de dessous terre, après dix siècles de proscription et d'oubli, aux yeux de l'Italie émerveillée.

Constatons tout d'abord que Donatello, de même que son rival Giacomo della Quercia, est uniquement un sculpteur, non un encyclopédiste, comme ses prédécesseurs du moyen âge, comme ses contemporains, ou ses successeurs jusqu'au XVIe siècle inclusivement. Ce n'est qu'accidentellement qu'il a donné son avis sur un modèle d'architecture ou esquissé un carton de vitrail. Cette circonstance explique pourquoi le fougueux rénovateur de la statuaire a tenu si peu de compte des lois de la décoration architecturale, pourquoi il a traité ses bas-reliefs comme des œuvres distinctes, formant un tout complet; elle nous apprend, d'autre part, comment il a pu, en concentrant tous ses efforts sur un art unique, ressusciter la sculpture en ronde bosse, si négligée par les Italiens du moyen âge, et couvrir sa patrie, à lui seul, d'un peuple de statues.

On ne saurait trop insister sur ce que l'on peut appeler la « spécialisation » de Donatello. Elle lui a permis de renouveler et d'épuiser la sculpture sous toutes ses faces : de même qu'il a travaillé les matières les plus diverses, le marbre, la pierre commune, le bois, le bronze, la terre cuite, le stuc, de même aussi il a excellé tour à tour dans le « schiac-

STATUE DE SAINT MARC.

(Or San Michele.)

ciato » ou « stiacciato », dans le bas-relief, dans le « mezzo rilievo », dans le haut-relief, dans la ronde bosse; bref, il n'est aucun procédé technique qui ne lui soit redevable des plus grands progrès. Incomparable comme ciseleur, seul peut-être comme fondeur est-il resté au dessous de quelques-uns de ses contemporains[1].

Les soins que Donatello a donnés au développement du « stiacciato » (mot à mot gâteau aplati, fouace) méritent une mention toute particulière; il peut en être considéré comme l'inventeur. Le « stiacciato », d'après l'excellente définition de M. Perkins, est un genre de relief faisant à peine saillie, et qui, procédant par des gradations presque insensibles, semble plutôt dessiné sur le marbre que sculpté. M. Perkins ajoute que, par là, Donatello a rouvert la voie à l'art du médailleur, si longtemps perdu : il a préparé l'avènement du rénovateur de cet art, le Pisanello, le premier en date et le plus complet des médailleurs de la Renaissance. — Que de germes semés à pleines mains dans toutes les directions !

Les plus anciennes statues de Donatello, le ***Saint Pierre*** (exécuté entre 1406 et 1410) et le *Saint Marc* (commandé en 1411), toutes deux à Or San Michele, sont indécises comme expression et comme mouvement. La beauté des têtes, si pleines d'énergie et de liberté, la souplesse des draperies, la vie qui déborde, ne sauraient faire oublier l'absence de parti pris. On éprouve d'autant moins de scrupules à signaler cette lacune, que Donatello ne s'exposera pas souvent à une telle critique. Les proportions des figures ont aussi quelque chose d'inquiétant. N'en déplaise à Vasari, il est permis d'affirmer qu'elles cadrent mal avec les niches qu'elles sont appelées à remplir.

Le même embarras se révèle dans la statue de ***Saint Jean-Baptiste***, au Campanile (jeune et imberbe, tenant un cartel avec les mots : « Ecce agnus Dei »). Comme type et comme attitude, elle est loin d'offrir la netteté, la conviction, que l'artiste donnera plus tard à ce type qu'il a si souvent représenté. Il en est de même du *Josué*, représenté sous les traits de Giannozzo Manetti (exposé à l'intérieur de la cathédrale; terminé dès 1412), et du *David* de marbre (exécuté en 1416?), aujourd'hui exposé au musée national de Florence. Ce dernier surtout est froid et guindé. Mais

1. Les auteurs anciens sont unanimes sur ce point : voyez leurs témoignages dans le volume de M. Semper, p. 316-318.

STATUE DE SAINT PIERRE.

(Or San Michele.)

dans ces statues déjà, à côté de l'inexpérience du débutant, que de hautes qualités! Les draperies sont conçues et traitées par grandes masses, avec un dédain absolu pour les plis symétriques ou pondérés qu'affectionnait le moyen âge. Les gestes témoignent d'une originalité non moindre; dès le début, Donatello se fait le champion de cette « terribilità », de cette sauvagerie grandiose, de cette audace sublime, qu'il a introduites dans l'art italien.

Les statues en pied d'Abraham, de David, de Habacuc et de Jérémie, au Campanile, forment un groupe à part dans l'histoire de cette période de la vie de Donatello, bien plus dans l'histoire même de la sculpture. La hardiesse de la conception, la liberté de la facture n'ont jamais été poussées aussi loin.

Pour bien se rendre compte de la révolution opérée par ce novateur audacieux entre tous, il importe de placer en regard des statues de Donatello les statues que ses prédécesseurs du xive siècle ont sculptées pour le même Campanile. Prenons la *Sibilla Tibertina (sic)*. Quelle noblesse dans ses traits encore impersonnels, dans le geste par lequel elle montre le parchemin déplié qui contient ses prophéties, quelle sévérité dans ses draperies! Avec un peu plus de souplesse, elle serait digne de prendre place à côté des déesses de l'antiquité, dont elle semble d'ailleurs inspirée.

Examinons à leur tour les prophètes de Donatello! Dans la fameuse statue de *David*, l'artiste du xve siècle a pris pour modèle le plus laid des citoyens de Florence, un certain Giovanni di Barduccio Cherichini, remarquable par sa calvitie (de là le surnom de *Zuccone*, donné à la statue) et par sa mine patibulaire. C'est un type destiné à se graver à jamais dans la mémoire. Le spectateur est partagé entre l'horreur que lui inspirent ces traits repoussants, cette peau presque glabre, qui semble avoir été échaudée, ces lèvres visqueuses, et les prodiges de l'exécution, cette face criante de vérité, ces bras modelés avec une incomparable sûreté, ce manteau dont les plis forment des masses aussi larges que souples, comme plus tard chez Michel-Ange, enfin l'étrangeté de cette figure qui est comme une gageure.

On raconte que, parmi tant de chefs-d'œuvre, le « Zuccone » était celui dont son auteur se montrait le plus fier. Quand il voulait jurer de manière à convaincre ses interlocuteurs, il s'écriait : « Par la foi que j'ai dans mon « Zuccone ». Pendant qu'il y travaillait, Pygmalion d'un nouveau

STATUE EN MARBRE DE DAVID.

Musée national de Florence.)

genre, il l'apostrophait sans cesse, lui criant : « Parle! parle! que la peste t'étouffe ! [1] ».

Le *Prophète Jérémie*, avec sa tête si solidement construite, sa lèvre dédaigneuse, son regard sarcastique, son méchant manteau, dans lequel il se drape fièrement, sans prendre garde à son épaule découverte, à sa jambe nue, ressemble à un philosophe de l'école cynique. On dirait que Donatello a copié à Rome, sur quelque buste antique, cette tête qui présente à un degré frappant les particularités du type romain, si l'on ne savait qu'il y a fait le portrait de son compatriote Francesco Soderini.

Il y a plus de gravité dans celle des figures que l'on s'accorde à appeler *Habacuc*. Comme la *Sibylle de Tibur*, le prophète indique de la droite le rouleau de parchemin que soutient sa gauche. Ses traits expriment la maussaderie plutôt que la conviction ou la noblesse. Ici encore, l'artiste a pourtrait quelque contemporain.

Le groupe d'*Abraham et Isaac* est également conçu dans des données plus sages. Abraham, tenant de la gauche les cheveux d'Isaac, agenouillé devant lui, et de la droite, un couteau, qu'il appuie négligemment sur l'épaule de la victime, attend, la tête levée, que Dieu lui donne l'ordre fatal. C'est un grand vieillard, aux traits durs, à la barbe flottante, exécuteur inexorable des volontés divines. Isaac, au contraire, est une figure aussi gracieuse que savante, avec un effet de raccourci supérieurement rendu. Je ne serais pas étonné que Donatello en eût emprunté l'idée à quelque Cupidon antique. Ce groupe passe pour avoir été exécuté en collaboration avec Nanni di Bartolo, surnommé le Rosso.

Ce qui domine dans les Patriarches et les Prophètes du Campanile, c'est l'originalité, la puissance, l'étrangeté, sur lesquelles l'artiste a compté pour les faire à jamais sortir de la foule; il y a réussi, non toutefois sans que l'impression religieuse y ait perdu singulièrement. Les traits qu'il leur a donnés conviennent à des malfaiteurs plutôt qu'à des personnages sacrés, et s'il est une impression que ces figures soient appelées à produire, c'est celle de la terreur, non de la vénération.

Disons-le bien franchement, Donatello s'est livré, dans ces statues, à une véritable débauche de réalisme. Il a poussé jusqu'à ses dernières

1. Je me sers d'un euphémisme pour traduire la trop énergique expression de Donatello.

STATUE DU ROI DAVID (IL ZUCCONE).

(Campanile de Florence.)

limites son dessein, qui était, nous l'avons vu, de pourtraire, du moins dans deux d'entre elles, des amis ou concitoyens dont les têtes à caractère l'avaient frappé.

A d'autres égards encore, les statues du Campanile forment comme une date dans l'histoire de l'art. Avec elles, la névrose, la maladie spécifique des temps modernes, fait irruption dans l'art. Les artistes italiens du moyen âge étaient graves dans la douleur comme dans la joie; en véritables héritiers des anciens, ils s'efforçaient de tempérer les passions qu'ils étaient appelés à traduire. Se douterait-on, en contemplant les Vierges si sereines et si majestueuses des maîtres florentins ou siennois, qu'elles ont été peintes ou sculptées au milieu des guerres civiles, tous les sentiments — bons et mauvais — étant portés à leur paroxysme! Chez les héros de Donatello, au contraire, il semble que la lave bouillonne dans les veines, qu'une commotion électrique ébranle l'individu de la tête aux pieds; les cheveux, les épaules, le torse, les mains et les jambes, et jusqu'aux draperies inanimées, se mettent de la partie; même dans les situations qui comportent le plus de calme et de recueillement, un mouvement fébrile agite toutes les parties du corps; c'en est fait, l'équilibre est rompu au profit de ce qu'il y a de morbide dans la nature humaine; les nerfs, une fois déchaînés, refuseront de se soumettre de nouveau.

Cette exubérance de la vie nerveuse, qui fait le fond de l'art d'un Michel-Ange, d'un Benvenuto Cellini, d'un Jean Bologne, d'un Germain Pilon, d'un Puget, de nos grands sculpteurs français du XVIIIe siècle, ou encore d'un Carpeaux, c'est Donatello qui l'a fait pénétrer dans la sculpture. A lui l'honneur, comme la responsabilité, d'une révolution dont les conséquences se feront sentir longtemps encore.

Ce sont évidemment les statues du Campanile qu'a eues en vue, dans une invective célèbre, un critique d'un esprit aussi séduisant que faux, et qui, tout en entassant erreurs sur erreurs, a eu le privilège d'imprimer à l'histoire de l'art une impulsion féconde, le baron de Rumohr :

« La vénération de Michel-Ange, écrit-il, pour un esprit d'un ordre aussi inférieur (!) [1] que Donatello peut paraître bizarre, et cependant il est certain qu'il va plus loin encore, dominé par des impressions de jeunesse; bien des particularités qui nous frappent dans les expressions et les mouvements de ses statues se rattachent, quant à leur conception,

1. *Italienische Forschungen*, t. II, p. 236-240.

STATUE DU PROPHÈTE JÉRÉMIE.

(Campanile de Florence.)

à des ouvrages de Donatello. Cet artiste s'efforçait, comme on l'a indiqué plus haut, de remplacer la représentation de la vie proprement dite, représentation dont il n'avait pas le sens(!), par l'expression violente, exagérée d'un courage sans objet. De même qu'il animait la face par des rides, par des contractions de la peau recouvrant le front, par l'enflure des lèvres, par le gonflement des narines, de manière à reproduire l'image d'hommes rêveurs, surexcités à leur insu ; de même aussi il donnait à l'ensemble de la figure une attitude fiévreuse, en faisant avancer une jambe comme pour fouler quelqu'un ou quelque chose, et de même l'épaule du côté opposé, comme si elle se contractait involontairement. »

La statue de saint Jean l'Évangéliste, commandée dès 1408, terminée en 1415, aujourd'hui exposée à l'intérieur de la cathédrale sur la tribune de saint Zanobi, nous ramène à d'autres idées. Cet ouvrage mérite un examen approfondi, et pour les rares qualités qu'y a déployées Donatello, et pour le grave problème historique qu'il soulève.

Le *Saint Jean l'Évangéliste* de Donatello est la figure la plus grave et la plus grandiose que le XVe siècle ait créée. La bouche est dure et implacable, le regard, fixé au loin, semble planer au-dessus des misères et des vanités d'ici-bas; une main est posée sur le livre sacré, l'autre est négligemment étendue sur le genou; les draperies retombent en désordre sur les pieds nus; bref, ce n'est plus le pieux visionnaire de Patmos, c'est un juge sans pitié et sans faiblesse, fait pour juger les vivants et les morts. Tout chez lui sort de l'ordinaire : la sévérité de l'expression, ses formes athlétiques, la grandiose simplicité de son costume.

Rien ne semblera plus téméraire, plus irrévérencieux, que de parler des ancêtres, des précurseurs de ce génie original et puissant entre tous, considéré jusqu'à ces derniers temps comme ne relevant que de lui-même: le lecteur a nommé Michel-Ange. Et l'on serait particulièrement mal reçu à venir parler d'un prototype quelconque de son prodigieux *Moïse*. Eh bien ! ce chef-d'œuvre est contenu en germe dans la statue, si peu connue, de Donatello. Qu'on les place en regard l'une de l'autre, on verra du premier coup à quel point l'artiste du XVIe siècle a mis à contribution l'œuvre de son aîné : il l'a corrigée, lui a donné plus de netteté et d'accent. Mais, comme dit le proverbe, une fois qu'une découverte est

STATUE DE SAINT JEAN L'ÉVANGELISTE.

(Cathédrale de Florence.)

faite, il est facile de la développer et de la perfectionner, « facile inventis addere ». Examinons en détail et les analogies et les différences.

Le *Saint Jean* de Donatello regarde en face le spectateur, le *Moïse* se montre de trois quarts. Les deux têtes, au front puissant et comme chargé de nuages, à l'expression farouche, à la longue barbe inculte, n'en procèdent pas moins l'une de l'autre. Mais les bras, me répondra-t-on, diffèrent du tout au tout. Effectivement, Michel-Ange a représenté son héros les bras nus, et par là il a ajouté à sa sauvagerie grandiose. Quant à la position même de ces bras, elle n'a été qu'intervertie. Chez *Moïse*, c'est la droite qui tient le livre, ce qui donne au personnage infiniment plus d'autorité; chez *Saint Jean*, c'est la gauche. Enfin, dans la partie inférieure de la figure, dans ces draperies d'une ampleur prodigieuse recouvrant les genoux et les pieds, si l'arrangement spécial diffère chez Michel-Ange, l'effet d'ensemble est identique, et il est permis d'hésiter entre deux motifs également admirables.

Nous ne pousserons pas l'irrévérence jusqu'à prononcer le mot de plagiat. Un Michel-Ange est au-dessus de pareilles imputations. Semblable à ses contemporains, et surtout à Raphael, pour lequel, en pareille circonstance, il se montra particulièrement dur, il prenait son bien où il le trouvait, sauf à y mettre l'empreinte de son génie, la griffe du lion. Mais la critique manquerait à tous ses devoirs en ne revendiquant pas les droits de Donatello et en ne proclamant pas en sa faveur la priorité de l'invention.

Le *Saint Georges* (commandé pour une niche d'Or San Michele par la corporation des armuriers de Florence; terminé en 1416) nous ramène, comme le *Saint Jean l'Évangéliste*, dans des régions plus sereines. Le chevalier chrétien, dans une simplicité de pose qui eût enchanté les maîtres grecs eux-mêmes — pour me servir de l'heureuse expression de M. Prévost[1] — est debout, la tête et le cou nus, un manteau négligemment jeté sur les épaules, la droite à moitié fermée, retombant le long du corps, la gauche placée sur le haut du bouclier; ses jambes sont écartées comme pour mieux assurer son équilibre. La cuirasse, les brassards et les cuissards qui le protègent, ainsi que le bouclier hexagonal posé devant lui, ne nous empêchent pas de deviner ce qu'il y a de force et de souplesse dans ces membres si bien couverts. Sa figure juvénile et mar-

1. *Aperçus sur Donatello et la sculpture dite réaliste*; Paris, 1878, p. 11.

STATUE DE SAINT GEORGES.

(Or San Michele.)

tiale, son regard libre et fier, peut-être avec une nuance de provocation, caractérisent à merveille le chevalier chrétien, également éloigné du sentimentalisme et de la forfanterie. Jamais on n'a tracé une image plus originale et plus saisissante du courage calme et sûr de lui-même. C'est ainsi que les jeunes Florentins — à l'époque où les mercenaires n'avaient pas encore remplacé les citoyens libres — devaient attendre le choc de l'ennemi. Une fois encore, dans le carton de la *Guerre de Pise* de Michel-Ange, nous les rencontrerons, ces fiers adolescents; puis, la liberté disparue, ils disparaîtront à leur tour.

La statue incomparable ne doit pas nous faire oublier le bas-relief, non moins merveilleux, qui se déroulait autrefois au-dessous d'elle, et qui, demeuré en place, du côté opposé d'Or San Michele, sous la niche depuis longtemps vide, n'attire que rarement les regards des visiteurs.

Le saint, à cheval, transperçant de sa lance le dragon ailé, tandis que la princesse pour laquelle il combat prie avec ferveur, les mains jointes, les genoux comme ployés par l'émotion, tel est le sujet de ce tableau en marbre. Par l'harmonie des lignes, par la légèreté et la suavité du modelé, par la beauté des figures et l'animation de l'action, ce chef-d'œuvre en miniature est digne de se mesurer avec les plus parfaites productions du ciseau grec. Il n'a ni moins de style, ni moins de flamme.

Raphael ne s'y est pas trompé, lorsqu'il a imité, presque copié, le fougueux cavalier dans le dessin du musée des Offices[1] et dans le tableau du musée de l'Ermitage. Il ne pouvait choisir de modèle plus noble ni plus vivant.

Parmi les ouvrages exécutés pour la cathédrale, il faut encore citer les deux bustes de prophètes, du portail Nord (1422), et la belle statue de prophète, connue sous le nom de statue du Pogge. Cette dernière, d'après les recherches de M. Bode, semble dater, non des dernières années de Donatello, mais de la période comprise entre 1415 et 1425; elle ne représenterait donc pas, si cette hypothèse était acceptée, le fameux humaniste florentin. Quoi qu'il en soit, l'œuvre compte parmi les plus parfaites qu'ait enfantées le ciseau de Donatello. L'ironie qui déborde dans cette tête osseuse, aux rides profondes, aux yeux plissés, à

1. Gravé dans *Raphael, sa vie, son œuvre et son temps* (publié par MM. Hachette), p. 229.

STATUE DE PROPHÈTE (SOUS LES TRAITS DU POGGE?).
(Cathédrale de Florence.)

la bouche sarcastique, n'est égalée que par le jet superbe des draperies, d'une souplesse et d'une grandeur admirables. Dès lors, la statuaire monumentale, on est en droit de l'affirmer, n'avait plus aucun secret pour le jeune maître.

Dans ces commandes, Donatello ne fut pas plus favorisé que le moindre de ses confrères. (Le XVe siècle avait, en matière d'art, l'humeur terriblement égalitaire.) Chacune de ses statues lui était payée de 100 à 160 florins, selon les dimensions ou la complication du travail. Le *Zuccone* ou une statue analogue valait 100 florins; le groupe d'*Abraham et Isaac*, 125; le *Saint Jean l'Évangéliste*, 160 [1]. (A Padoue, il reçut 40 ducats seulement pour ses statues en bronze.) Ces sommes ne représentent que le prix de la main-d'œuvre. L'artiste fournissait-il la matière première, comme il le fit pour le *Saint Louis* en bronze, de Santa Croce, la rémunération s'élevait infiniment plus haut : il reçut pour ce dernier ouvrage 449 florins. En thèse générale, aucun sculpteur ne montra de prétentions moins hautes que Donatello; aussi ne connut-il jamais, je ne dirai pas la fortune, mais même l'aisance.

Pour épuiser l'histoire de cette période si remplie, il me reste à mentionner un certain nombre d'ouvrages secondaires, la plupart depuis longtemps perdus. En 1419, Donatello sculpta, pour l'escalier du palais dans lequel logeait le pape Martin V, à Santa Maria Novella, un lion en « pietra di macigno ». Vers la même époque, si la date que l'on assigne à la construction de la chapelle des Pazzi, à Santa Croce, est exacte, il sculpta les têtes de séraphins destinées à la frise du portique de cette chapelle, chef-d'œuvre de son ami Brunellesco. En 1423, la cathédrale d'Orvieto lui commanda, pour la cuve baptismale, une statue en bronze de saint Jean-Baptiste. M. le Dr Bode croit retrouver cet ouvrage dans une statue de bronze, demi-nature, qu'il a acquise en 1878 de la famille Strozzi pour le compte du musée de Berlin [2]. Nous n'hésitons pas à souscrire entièrement à son opinion. Le saint est représenté debout, élevant de la droite la coupe qui sert au baptême; il a pour vêtement une peau de chameau sur laquelle est jetée une sorte de toge, fouillée et

1. Le ducat ou florin du XVe siècle équivaut à une cinquantaine de francs de notre monnaie.

2. *Annuaire des Musées de Berlin*; 1884, t. V, p. 27-29, avec gravure.

mouvementée comme celle du *Zuccone*. Ses traits sont amaigris, sa physionomie farouche, absolument comme dans les statues du Campanile. C'est, non pas le saint Jean idéalisé, dont Donatello nous a laissé tant de modèles, mais la conception réaliste de la première manière.

Un autre *Saint Jean* fut commandé la même année par la cathédrale de Sienne [1]. Donatello avait donc dès lors la spécialité des *Saint Jean-Baptiste*, comme d'autres avaient celle des *Christs* ou des *Madones*. Nous verrons dans la suite combien la réputation qu'il acquit dans ce domaine était justifiée.

On cite enfin deux statues colossales en briques élevées devant la cathédrale. Ces ouvrages ont depuis longtemps péri.

En résumé, à partir de 1420, l'artiste, qui ne comptait encore qu'une trentaine d'années, eut la satisfaction de voir des cités étrangères se disputer son ciseau. Quant à ses compatriotes, s'ils ne le couvraient pas d'or, du moins ne lui ménageaient-ils pas les témoignages de leur estime. Il n'y avait point d'entreprise de quelque importance à laquelle il ne fût associé. Aussi bien, dans son *Saint Jean l'Évangéliste*, son *Saint Georges*, son *Zuccone*, avait-il donné plus que les espérances les plus brillantes, je veux dire des gages d'un génie transcendant. La suite de sa carrière abonde en chefs-d'œuvre, mais en est-il qui égalent les sublimes audaces de ces premières années, pendant lesquelles, réduit ou peu s'en faut à ses propres forces, le jeune sculpteur renouvela si complètement la face de son art? L'expression, aujourd'hui consacrée, de Période d'orage et d'assaut (*Sturm und Drang Periode*) ne caractérise-t-elle pas à merveille cette phase pendant laquelle l'artiste, également pressé de détruire et de réédifier, cède sans réfléchir à tous les élans de son cœur et de son imagination, persuadé que le tour de la raison viendra toujours assez tôt?

1. Voyez sur ces différents travaux l'ouvrage de M. Semper, p. 277-279.

CHAPITRE III

— 1425-1433 —

Association de Donatello avec Michelozzo. — Le mausolée italien au moyen âge. — Le tombeau du pape Jean XXIII. — Le tombeau du cardinal Brancacci, à Naples. — Le tombeau d'Aragazzi, à Montepulciano. — La chaire de la cathédrale de Prato. — Donatello et la représentation de l'enfance. — Travaux à Sienne. — Nouveau voyage à Rome. — Le buste de Niccolò da Uzzano.

Les deux lustres pendant lesquels Michelozzo travailla aux côtés de Donatello (1425 à 1433) correspondent à l'exécution des grands monuments funéraires de Jean XXIII, du cardinal Brancacci, de Bartolommeo Aragazzi, ainsi que des bas-reliefs du Baptistère de Sienne et de la chaire de Prato.

Michelozzo (né en 1391, mort en 1472), artiste à l'imagination vive et brillante, plutôt que profonde et créatrice, cultivait avec le même succès l'architecture et la sculpture; Brunellesco et Donatello l'attiraient et l'inspiraient tour à tour; pendant un temps, on fut en droit de se demander qui l'emporterait en lui, du maître en l'art de bâtir ou du statuaire. Ces doutes toutefois durèrent peu; l'artiste ne tarda pas à être éclairé sur sa véritable vocation, et, à partir du jour où il quitta l'atelier de Donatello pour suivre, à Venise, Cosme de Médicis, exilé par la faction victorieuse des Albizzi, à partir de ce jour, son parti fut pris irrévocablement : disant adieu à la fois à Donatello et à la sculpture, il consacra le reste de sa vie à propager et à développer les idées de Brunellesco. Il n'eut pas à regretter sa détermination : statuaire de second ordre, comme il l'a surabondamment prouvé dans le mausolée d'Aragazzi, à la cathédrale de Montepulciano, mausolée sculpté en entier de sa main, il a eu le mérite de laisser à Florence, dans le palais des Médicis et dans différentes autres constructions, à Milan, dans un palais également construit pour les Médicis, des modèles du goût le plus pur et le plus fin.

Nous ne nous aventurerons guère en attribuant à Michelozzo l'arrangement général des mausolées exécutés en collaboration avec Donatello.

La fougue de ce dernier s'accommodait peu des entraves que l'architecture, plus que tout art, impose à ses adeptes; il fut heureux de trouver un collaborateur qui consentît à prendre en main le compas et l'équerre, à mesurer et à calculer, à tracer des épures, en un mot à se charger de la partie architectonique de l'œuvre, le laissant libre, lui, de creuser les problèmes de la vie et de faire palpiter le marbre. Le grand statuaire sentait si bien la nécessité de cette coopération, que, Michelozzo parti, il renonça pour toujours aux travaux exigeant le concours des deux arts. La sculpture décorative y a perdu, certainement, plus d'un chef-d'œuvre.

Il est des mains qui semblent avoir le don de changer en or jusqu'aux objets les plus vulgaires sur lesquels elles se posent, des esprits dont chaque effort ouvre à l'imagination des contemporains des échappées sans fin. Dans ses mausolées encore, Donatello, secondé par Michelozzo, a frayé à cette branche de l'art une voie nouvelle, créé des modèles qui ont été à la fois les premiers en date et les plus parfaits de la Renaissance du xve siècle.

Avant de décrire les mausolées exécutés par les deux amis, jetons un coup d'œil sur les monuments similaires du moyen âge italien, recherchons comment cette époque si forte et si vivante a compris le culte des morts.

Deux types principaux de monuments funéraires dominent en Italie pendant le moyen âge : le premier, c'est le mausolée isolé de toutes parts, contenant, sous une sorte de baldaquin, le sarcophage avec la statue couchée du défunt et, sur son couronnement, une nouvelle statue du même, le plus souvent à cheval : c'est la conception originale et grandiose des tombeaux des Scaliger, à Vérone; des tombeaux des Visconti, à Pavie et à Milan. Longtemps abandonné, ce modèle a été un instant remis en honneur par Louis XII dans le tombeau qu'il se fit élever à Saint-Denis.

Le second type, qui est au premier ce que le bas-relief est à la sculpture en ronde bosse, c'est le mausolée plaqué contre un mur et qui ne se compose que d'une façade plus ou moins richement ornée. Si l'Italie du Nord peut revendiquer la paternité du premier, celle du second appartient à la Toscane. Le célèbre architecte et sculpteur florentin Arnolfo del Cambio en créa la formule dès les dernières années du XIIIe siècle, dans l'admirable tombeau, si savant, si harmonieux, du cardinal de Braye, à la cathédrale d'Orvieto. Puis vient, dans la basilique inférieure d'Assise, le tombeau étrange, presque sauvage, d'Hécube, reine de Chypre; c'est un monument gothique, en forme de baldaquin. Dans le haut, la Vierge assise, tenant l'Enfant Jésus; plus bas, un saint ou prophète; plus bas encore, un lion qui rugit. Ces figures sont comme disposées au hasard; rien ne les relie entre elles. Le centre est occupé par la statue de la défunte, étendue sur un lit, dont des rideaux, glissant sur une tringle vulgaire, cachent les extrémités; deux anges écartent, comme à l'ordinaire, ces tentures.

Le mausolée de Ladislas († 1414), frère de la reine Jeanne II, dans l'église San Giovanni de' Carbonari, à Naples, tient le milieu entre ces deux ordres de monuments. Comme ceux de la Toscane et de l'Ombrie, il se dresse contre le mur; comme ceux de la haute Italie, il est surmonté d'une statue équestre, comparable, pour la vie et le mouvement, aux superbes cavaliers représentés sur les sceaux du moyen âge.

Le modèle créé par Donatello et Michelozzo procède du mausolée d'Arnolfo et de ses successeurs. C'est un monument qui se dresse contre une paroi. Les deux artistes conservent la donnée, si pittoresque, des rideaux, des tentures, encadrant la composition et soulevés par des anges; ils reprennent également et développent l'idée des statuettes placées dans les niches; enfin, s'inspirant de l'exemple des auteurs du tombeau, d'ailleurs informe, des Pazzi, à Santa Croce (XIVe siècle), ils reviennent à la tradition antique des cariatides. Mais ils combinent avec un art si consommé ces différents éléments, dont plusieurs, les cariatides notamment, n'avaient été qu'entrevus par leurs prédécesseurs, ils établissent entre la partie architecturale et la partie sculpturale une corrélation tellement intime, ils en tirent des effets tellement inattendus, qu'ils réussissent à créer un type qui, en réalité, peut passer pour original à tous égards.

Un autre trait caractéristique du mausolée nouveau, c'est la prédominance de l'élément plastique sur la polychromie, qui est encore si accentuée dans le tombeau du cardinal de Braye, dans ceux élevés par les Cosmates, à Rome, et dans ceux des Acciauoli, à la Chartreuse de Florence. Les incrustations en pierres dures disparaissent d'abord; puis vient le tour de l'or et de l'émail, peu à peu détrônés par le marbre ou le bronze. Les anciens ornements géométriques ou végétaux eux-mêmes sont insensiblement sacrifiés à la figure humaine. C'est elle seule qui dominera, à un siècle de là, dans les tombeaux des Médicis, ainsi que dans celui de Jules II. Donatello, d'ailleurs, n'était pas un adversaire déclaré de la polychromie; il l'a montré dans ses statues en bois peint, dans ses bustes en terre cuite coloriée, dans les fonds de mosaïque donnés aux bas-reliefs de la chaire de Prato et de la tribune de Santa Maria del Fiore.

« Jean XXIII, autrefois pape, mort à Florence l'an du Seigneur 1418, le onze des calendes de janvier » (n.-s. 1419, 22 décembre), telle est l'inscription laconique qu'on lit au Baptistère de Florence, sur un des plus beaux monuments funéraires du XVe siècle.

Tout un roman se cache sous ces quelques mots. Jean XXIII (Balthazar Cossa, de Naples), monté sur le trône de saint Pierre après l'existence la plus aventureuse (il avait été tour à tour marchand, soldat, on a même dit corsaire), avait été déposé par le concile de Constance en même temps que les deux antipapes. S'étant enfui, il fut arrêté et retenu, quatre années durant, dans la captivité la plus étroite; enfin, mis en liberté, il consentit à faire sa soumission au nouveau pape, Martin V, et celui qui avait ceint la triple tiare s'estima heureux de recevoir de nouveau le chapeau de cardinal. Il ne jouit pas longtemps de ce retour de fortune, car il mourut dans les derniers jours de l'année 1419, à Florence, où il comptait plusieurs amis dévoués, entre autres Jean de Médicis, le père de Cosme.

Ce fut celui-ci qui lui fit élever, en sa qualité d'exécuteur testamentaire, le mausolée qui orne le Baptistère, le dernier mausolée de pape que l'on trouve en dehors de Rome.

Le tombeau de Jean XXIII est une œuvre aussi somptueuse que savante. Une tenture affectant la forme d'un ciel de lit conique surmonte le monument et en recouvre les côtés. Au-dessous, apparait à mi-corps la Vierge tenant l'Enfant Jésus. En continuant à descendre, on rencontre la statue en bronze de l'ex-pape étendue sur un sarcophage qui repose à son tour sur des têtes et des griffes de lion. Plus bas, deux génies nus, assez semblables à ceux du tombeau de Jean de Médicis, tiennent l'inscription dont on a lu ci-dessus le texte. Les armoiries cardinalices et pontificales du défunt leur font suite. La partie inférieure du monument contient trois niches, séparées par de riches pilastres et ornées chacune d'une figure en ronde bosse : la *Foi*, dont Vasari fait honneur à Michelozzo, l'*Espérance* et la *Charité*. Le soubassement, enfin, se compose de festons reliés à des têtes de chérubins.

Le tombeau de Jean XXIII est le prototype de la majeure partie des monuments funéraires du xve siècle. L'emploi de niches contenant les Vertus théologales devint surtout un motif favori de la première Renaissance.

Le mausolée du cardinal Brancacci a plus rarement été copié, d'abord parce qu'il est relégué au fond de ce golfe de Naples où l'art a eu tant de peine à jeter des racines; en second lieu, parce que la hardiesse des idées et la beauté du style sont faites pour décourager les imitateurs.

Deux colonnes cannelées, du plus beau galbe, mais dont le chapiteau à volutes est encore un peu maigre, encadrent le mausolée et soutiennent l'arcade qui le couronne. Dans le bas, trois femmes, noblement drapées, et dans lesquelles il n'est pas difficile de reconnaître les sœurs des captives que les anciens Romains se plaisaient à placer sur leurs arcs de triomphe, soutiennent le sarcophage sur lequel est étendu le prélat, la tête posée sur un coussin, les mains jointes. La face même du sarcophage montre la Vierge trônant au milieu d'anges qui voltigent. Deux pilastres, prenant également naissance sur le sol, passent derrière le sarcophage et apparaissent de nouveau dans la partie supérieure du monument, à côté de deux jeunes femmes qui relèvent chacune un bout de la draperie, fixée, en forme de festons, sur le bord extérieur de l'arcade. Cette réapparition inattendue des pilastres, qui semblent surgir du sarcophage, produit un effet des plus frappants et ajoute singulièrement à la majesté et à la grandeur de l'ensemble. La Vierge se montrant à mi-corps avec l'Enfant divin, et deux saints placés à ses côtés, remplissent l'arcade et couronnent cette œuvre où l'architecte et le sculpteur ont atteint à un même degré de perfection.

Le mausolée de Brancacci a été exécuté à Pise (d'où il devait être expédié par mer à Naples), avec le concours de Pagno di Lapo Portigiani, de Fiesole, qui servait alors d'aide, de « garzone », comme on disait, aux deux sculpteurs. Il n'était pas encore terminé en 1427.

Le monument du poète Aragazzi, dont les fragments sont conservés dans la cathédrale de Montepulciano, passe généralement aujourd'hui pour l'œuvre de Michelozzo seul (1429). Ces fragments trahissent un

LE TOMBEAU DU CARDINAL BRANCACCI.

Naples. Église Sant' Angelo a Nilo.)

ciseau habile, mais maniéré et froid. On nous excusera de ne pas y insister davantage.

La simplicité du tombeau de Jean de Médicis, dans la sacristie de l'église Saint-Laurent, contraste avec la richesse des mausolées de Jean XXIII, du cardinal Brancacci et d'Aragazzi. Il n'en est que plus intéressant de voir l'artiste déployer ses hautes facultés dans un cadre borné. Des bas-reliefs représentant des anges, les uns assis ou accroupis, les autres voltigeant près du sarcophage, c'est à ce motif que se réduit la décoration du monument. Mais que de liberté, d'aisance, de naturel, dans ces figures, qui présentent des analogies frappantes avec celles du tombeau de Jean XXIII ! Comme la forme y est caressée, comme le contour en est pur et l'expression harmonieuse ! Donatello, qui d'ordinaire s'inspire des modèles plus ou moins tourmentés laissés par la statuaire romaine, a retrouvé ici, par une inspiration de génie, la simplicité, la pureté du ciseau grec.

Le tombeau de Jean de Médicis était achevé dès 1428.

En même temps qu'ils dotaient la Toscane et le royaume de Naples de ces mausolées splendides, les deux amis entreprirent un ouvrage d'une nature bien différente : rien de moins lugubre que la chaire qu'ils exécutèrent, en 1428, pour la cathédrale de Prato. Cette chaire, placée à l'extérieur, sur un des angles de la façade, était destinée à l'exposition de la ceinture de la Vierge, d'où son nom de *Pulpito della Cintola*. Ici encore, le concours de Michelozzo a rendu à Donatello un signalé service. L'encadrement architectural, d'une science et d'un goût consommés, tempère ce qu'il peut y avoir de trop fougueux dans l'agencement des figures. Sept compartiments, séparés par des pilastres doubles, nous montrent chacun plusieurs couples de génies ailés, se livrant avec ardeur, on pourrait presque dire avec frénésie, aux exercices chorégiques les plus variés. Il est difficile de rendre par des paroles l'éclat de ces compositions, où tout est mouvement, entrain et verve. A demi nus, entraînés dans une sorte de ronde sacrée, les uns agitent des tambourins pour marquer la mesure, d'autres des couronnes, qui se marient admirablement à ces têtes jeunes et fraîches, à ces bras harmonieusement enlacés. C'est l'inspiration la plus brillante, ce sont les gestes les plus heureux, de ces gestes véritablement trouvés qui abondent dans l'œuvre de Donatello.

LA CHAIRE DE PRATO.

Deux superbes chapiteaux en bronze, dont l'un fut enlevé par les Espagnols en 1512, lors du sac de Prato, et dont l'autre est resté en place, complétèrent la décoration de la chaire.

Chacun des sept bas-reliefs de Prato fut payé à raison de 25 florins de 4 livres. L'expert choisi par les parties n'était autre que Lorenzo Ghiberti.

Le choix du sujet, et plus encore la manière dont l'artiste l'a conçu, peuvent surprendre. Cette ronde échevelée, cette bacchanale, sur une chaire d'où ont pu tomber les cris de contrition, les pathétiques objurgations d'un saint Bernardin de Sienne, quelle contradiction! Voilà bien le paganisme faisant irruption dans le sanctuaire de la religion chrétienne. On aurait le droit de se montrer sévère, si, en d'autres circonstances, le Protée florentin n'avait pas prêté au christianisme ses plus sublimes accents. Il était de son siècle après tout, ce siècle de conciliation, qui a su aimer tout ensemble Platon et saint Paul, Virgile et Dante.

L'illustration des jeux de l'enfance a servi de thème à d'autres bas-reliefs encore de Donatello. Tantôt, l'artiste s'est plu à leur donner, comme à Prato, la forme d'une ronde; tantôt, comme au Santo de Padoue, il a représenté ses jeunes héros isolés et occupés à exécuter chacun sa partie dans un concert spirituel.

Parmi tant d'horizons splendides rouverts à l'imagination, ce n'est pas un des moindres titres de gloire de Donatello que d'avoir rendu à l'enfant sa place dans l'art. Depuis que l'antiquité avait créé les figures si naïves et si gracieuses de la *Joueuse d'osselets*, de l'*Enfant au masque*, de l'*Enfant à l'oie*, des *Amours vendangeurs*, d'*Éros* et de *Psyché*, la représentation de l'enfance avait été de longs siècles durant bannie de la sculpture et de la peinture. Une telle exclusion ne se conçoit que trop. La représentation du printemps de la vie suppose une fraicheur d'impressions et une souplesse de style que l'on ne pouvait guère demander aux graves et austères artistes du moyen âge : ils savaient se montrer solennels, parfois sublimes, mais la naïveté, l'intimité, la familiarité, étaient précisément ce qui leur manquait le plus. Chez les Byzantins, le « bambino » que la Vierge tient sur ses genoux est laid et vieillot. Dans l'École de Pise, il manque de tout accent et de toute expression. Chez Giotto et chez ses disciples, c'est un homme en miniature, une sorte de pygmée. Il faut ajouter que le costume, toutes les fois qu'il ne s'agit pas du « bambino » divin, le différencie à peine de l'adolescence ou de l'âge mûr. Et ce costume même, n'est-il pas à lui seul la négation de l'enfance? Ne cache-t-il pas précisément ce qui forme le trait distinctif de cet âge, la souplesse des membres, l'élasticité des chairs, qui jurent si singulièrement avec les mouvements embarrassés et inconscients?

ENFANTS DANSANT.
(Chaire de Prato.)

La réhabilitation de l'enfance est due à l'influence de l'antiquité. Dans les fresques de l'Incoronata de Naples, dans le *Triomphe de la Mort*, au Campo Santo de Pise, on remarque des « putti » — c'est le nom consacré en italien — tenant des festons ou supportant des cartouches; ce sont des copies des bas-reliefs sculptés sur les sarcophages romains. Ce même motif reparaît sur le soubassement du tombeau d'Ilaria del Carotto, par le grand sculpteur Giacomo della Quercia, au dôme de Lucques. Ce n'étaient encore que des germes épars : le génie de Donatello les porta d'un coup à leur maturité.

Les enfants de Donatello sont des anges, non plus les anges si graves, si solennels, de l'ancienne école, qui représentait les messagers célestes sous forme d'adolescents ou plutôt de jeunes filles, mais des jeunes garçons, on serait parfois tenté de dire des gamins, gais, turbulents, comme on l'est à leur âge. Cette introduction, dans l'art sacré, de figures si fraîches, si joyeuses, d'ordinaire aussi peu vêtues que possible, est un symptôme caractéristique. Désormais le « putto » intervient partout : ici, fièrement cambré pour soutenir l'écusson d'une famille noble; là, planant dans les airs, pour supporter la couronne de lauriers ou de chêne dans laquelle seront inscrits, sur un sarcophage, les hauts titres du défunt. Les ressources que, du xve au xviiie siècle, peintres et sculpteurs ont tirées, au point de vue de la décoration, de ces figures si gracieuses et si souples, sont incalculables. S'agit-il de remplir un vide, de ménager une transition, d'animer l'action, sans cesse le « putto » intervient comme le *Deus ex machinâ*.

A tout instant nous aurons à revenir, dans la suite de ce travail, sur les admirables personnifications que le sculpteur florentin nous a laissées en ce genre; nul artiste n'a célébré l'enfance avec autant d'enthousiasme ni sous des formes aussi variées.

Tandis que Ghiberti concentrait ses efforts sur un ouvrage unique, sur ces portes du Baptistère qui lui ont valu l'immortalité, Donatello prodiguait avec une insouciance superbe son temps et son talent. Les commandes faites par ses concitoyens, par les municipalités ou les amateurs de Prato, de Montepulciano, de Naples, n'avaient pas suffi pour absorber cette activité dévorante : on le voit travailler simultanément à la dalle funéraire en bronze de l'évêque de Grossetto, Giovanni Pecci, conservée aujourd'hui encore au dôme de Sienne (1426), et à un bas-relief destiné à la cuve baptismale du Baptistère de la même ville. Ainsi les Siennois, après avoir refusé un siècle durant les leçons de leurs vieux ennemis les Florentins, après avoir même réussi, ô triomphe suprême! à leur imposer leurs peintres — les Duccio, les Simone di Martino, les Lorenzetti — reconnaissaient enfin la supériorité de la nouvelle école et appelaient près d'eux ses représentants les plus illustres. L'occasion de prendre leur revanche était trop belle pour que les Florentins la laissassent échapper. Exceptionnellement, Ghiberti consentit à travailler pour

BUSTE DE NICCOLÒ DA UZZANO.
(Musée national de Florence.)

une cité étrangère : ses deux bas-reliefs brillent aujourd'hui encore sur la cuve baptismale à côté de ceux de Donatello et de Giacomo della Quercia.

Le bas-relief de Donatello, la *Présentation à Hérode de la tête de saint Jean-Baptiste*, réunit les défauts et les qualités du maitre. Commençons par reconnaitre que Donatello n'est pas un narrateur à comparer aux grands sculpteurs et peintres du XIVe siècle ; incapable de procéder avec ordre et méthode, impatient de tout joug, il sait mettre dans une scène de la verve, de la passion, de la fougue, il ne sait pas exposer tranquillement la suite des événements, développer régulièrement un thème donné. Dès les premiers pas, il perd pied. Dans la *Présentation de la tête de saint Jean*, l'action manque de toute unité. A l'arrière-plan, trois femmes regardant curieusement la tête qu'un serviteur porte sur un plat ; plus près du spectateur, un joueur de violon et deux hommes qui l'écoutent tranquillement. Au premier plan, Hérode, levant les mains par un geste de surprise et d'effroi, à la vue du présent sanglant que lui offre un écuyer agenouillé, tandis qu'une femme, assise à table à côté du roi, semble l'exhorter à contempler ce qui reste de son ennemi immolé ; plus loin, une autre femme se couvrant la face d'une de ses mains, pour échapper à ce spectacle d'horreur. Aux extrémités enfin, près d'Hérode, deux enfants qui prennent la fuite, et du côté opposé un groupe de spectateurs impassibles, sur lequel se détache Salomé dansant avec une science consommée, une main étendue, l'autre rejetée derrière son dos.

Le bas-relief de Sienne fut livré le 5 octobre 1427 ; Donatello reçut pour ce travail la somme de 180 florins de 4 livres chacun.

Il fut moins heureux avec le volet (sportello) qui lui fut commandé pour le tabernacle de bronze, couronnant la cuve baptismale. Cet ouvrage ne plut pas et l'artiste dut le garder pour compte. Ainsi, le caprice d'un marguillier suffisait pour faire refuser un ouvrage signé du nom de Donatello[1] !

Deux événements, que nous ne saurions passer sous silence, marquent la fin de la période dont l'association avec Michelozzo forme le trait dominant : la nomination de Donatello au poste d'ingénieur militaire de la République et son second voyage à Rome.

Ce fut en 1430 que l'artiste, subitement transformé en homme de guerre, reçut l'ordre de prendre part, avec Brunellesco et Michelozzo, au siège de Lucques. Il s'agissait de détourner un cours d'eau et d'inon-

1. Les documents relatifs aux relations de Donatello avec les Siennois ont été publiés par M. Milanesi : *Documenti per la storia dell' arte senese*, t. II, Sienne, 1854.

der la ville. Mais ce projet grandiose, imaginé par Brunellesco, semble avoir échoué assez piteusement.

L'issue du voyage à Rome ne fut guère plus brillante. Donatello, raconte Vasari, s'était rendu dans la Ville éternelle à la prière de son frère (?) Simon, pour examiner le tombeau du pape Martin V, auquel Simon travaillait à ce moment. Il se trouvait que l'on préparait précisément les fêtes du couronnement de l'empereur Sigismond (mai 1433). Les deux artistes s'y employèrent, affirme-t-on, avec ardeur et succès.

La statue tombale de Jean Crivelli de Milan, archidiacre d'Aquilée (mort en 1432), dans l'église d'Aracœli, est le seul ouvrage qui nous reste du séjour de Donatello à Rome. Cette statue, incrustée dans le sol, est malheureusement aux trois quarts usée par les pas des fidèles, il est difficile d'en apprécier la valeur.

Nous terminerons l'étude des ouvrages exécutés pendant cette période par la description du fameux buste en terre cuite coloriée de Niccolò da Uzzano († 1432), un des hommes politiques les plus considérables de Florence. Ce morceau prodigieux a dû prendre naissance peu de temps après les statues du Campanile, qu'il rappelle par son réalisme à outrance.

La tête, profondément fouillée, on serait presque tenté de dire ravagée, avec les regards levés, la bouche entr'ouverte, les muscles comme galvanisés par le travail de la pensée, est criante de vérité et de vie; on la prendrait, peu s'en faut, pour un moulage sur nature. Elle pétille d'intelligence, comme les bustes des Pajou, des Houdon, des Pigalle, pétillent d'esprit; autant ceux-ci ont de finesse, autant l'œuvre de la Renaissance a de puissance, et presque de brutalité; c'est que l'intelligence est plus encore que l'esprit, du moins que l'esprit tel qu'on l'entendait au temps de Voltaire.

La draperie — un bout de toge rouge — jetée sur les épaules de ce tribun qui n'a rien à envier à ceux de l'antiquité, est d'une souplesse et d'une fierté admirables, tout comme la physionomie.

Le buste de Niccolò da Uzzano, après avoir longtemps appartenu à la famille Capponi, a été acquis dans ces dernières années par le Musée national de Florence.

CHAPITRE IV

— 1434-1443 —

L'exil des Médicis. — Les bas-reliefs de la tribune de Santa Maria del Fiore. — Le David de bronze. — Le Mercure ou Cupidon. — Les médaillons du palais des Médicis. — Les portes de la sacristie de Saint-Laurent. — État de fortune et intérieur de Donatello. — Son caractère. — Ses bons mots et ses charges. — Sa bienfaisance.

La révolution de 1433, la chute de Cosme de Médicis, le départ de Michelozzo, qui tint à honneur de suivre à Venise son protecteur exilé, tels sont les événements qui marquent le début de la période dont nous avons à nous occuper dans ce chapitre. Le contre-coup des troubles publics se fit vivement sentir chez Donatello. De 1433 à 1444, l'artiste ressemble à un vaisseau privé de gouvernail. Échappé à la tutelle salutaire de Michelozzo, il se laisse de nouveau aller à son insouciance native; on le voit accepter des commandes de droite et de gauche, commencer beaucoup et finir peu, bref prodiguer ses forces sans profit pour sa fortune ou pour sa gloire.

L'administration de la cathédrale florentine, quelque vétilleuse et parcimonieuse qu'elle se montrât, pouvait passer pour l'« alma mater » des sculpteurs aux abois. Dans cet édifice gigantesque, il y avait toujours place pour quelque statue nouvelle. Aussi, le travail allait-il mal dans la ville ou au dehors, c'était à la porte de l'« Opera del Duomo », de l'Œuvre du Dôme, que Donatello venait frapper, tout comme le plus obscur de ses confrères; c'était sa protection qu'il invoquait comme suprême ressource. Ses relations avec les « operaj », les marguilliers, remontaient loin déjà : il comptait à peine vingt ans qu'ils lui avaient confié plusieurs statues. Dans la crise qui suivit l'expulsion, puis le retour des Médicis, l'artiste cultiva, avec un soin tout particulier, ces amis des mauvais jours. Ne nous en plaignons pas : si l'ère des statues monumentales destinées à orner le Campanile ou la façade est passée, nous voyons en revanche prendre naissance la splendide ronde d'enfants

DIOMÈDE AVEC LE PALLADIUM.

Palais des Médicis (palais Riccardi), à Florence.

de la tribune des orgues. Commencé, au plus tard, en 1433, cet ouvrage ne fut terminé qu'en 1440.

Ces bas-reliefs célèbres, aujourd'hui exposés au Musée national de Florence, reproduisent avec des variantes les motifs principaux de la chaire de Prato. Ils furent commandés pour faire pendant aux bas-reliefs de Luca della Robbia. Avant de les décrire et de les apprécier, disons qu'ils étaient destinés à être placés à une hauteur considérable, et qu'en les voyant aujourd'hui déposés sur le sol, comme ils le sont au Musée national, on risque de les juger imparfaitement. L'artiste s'est préoccupé, avant tout, de l'effet que ses compositions produiraient à distance. De là ces prétendues imperfections qui nous frappent surtout, lorsque nous les comparons aux bas-reliefs de della Robbia ; de là ces contours trop sommaires, ces bras insuffisamment arrondis, ces pieds trop courts et trop massifs, ces raccourcis si osés, ces figures du second plan à peine indiquées, ces duretés et ces incorrections sans nombre. A distance, ces défauts apparents se changeaient en autant de qualités ; ils produisaient les ondulations les plus harmonieuses et donnaient à l'ensemble une vigueur et une netteté incomparables.

Donatello, nous dit Vasari, en exécutant la balustrade de la tribune placée du côté opposé, fit preuve de plus de jugement et d'expérience que Lucas. Il traita son ouvrage comme une sorte de maquette, en le poussant le moins possible, de manière à lui faire produire plus d'effet vu de loin : le succès couronna cette tentative. Les compositions de Lucas, bien que parfaitement dessinées et exécutées avec le plus grand soin, se perdent et s'effacent dans l'éloignement, en raison même de leur poli et de leur fini, bien différentes en cela des compositions, à peine ébauchées, de Donatello.

La comparaison de l'œuvre de Donatello et de celle de Luca della Robbia nous entraînerait loin. Elle nous montrerait le contraste intime de ces deux natures, l'une fougueuse et exubérante, l'autre calme et concentrée ; l'une primesautière et trop souvent, il faut le reconnaître, portée à se contenter de l'improvisation ; l'autre amoureuse du fini, de la pureté, de la distinction. Autant il y a de naturel, de sagesse et d'élégance dans les bas-reliefs de Lucas, autant il y a d'allure et de rythme dans ceux de son rival. Sachons apprécier l'une et l'autre de ces pages, si riches chacune en qualités du premier ordre, et renonçons à une discussion irritante sur leur supériorité relative.

ULYSSE ET MINERVE.

Palais des Médicis (palais Riccardi), à Florence.

Pendant qu'il travaillait, avec une lenteur que l'on ne s'explique pas, aux bas-reliefs de la tribune, Donatello recevait de l'Œuvre de la cathédrale plusieurs commandes d'une importance infiniment moindre. En 1434, il sortit vainqueur d'un concours pour l'exécution d'un carton de vitrail, le *Couronnement de la Vierge*, destiné à une des fenêtres circulaires du tambour de la coupole. Le vaincu, cette fois, s'appelait Ghiberti, cet adversaire que le destin plaçait si souvent sur le passage de Donatello. L'enjeu, hélas! était bien modeste : il ne s'agissait que de 18 florins! La même année, l'Œuvre mettait de nouveau aux prises Donatello et Luca della Robbia : elle leur demanda d'exécuter, en concurrence, un modèle de tête propre à fermer le couronnement de la coupole.

Vers la même époque, probablement, Donatello sculpta, pour la sacristie ancienne de la cathédrale, des enfants tenant des guirlandes. Ce sont des figures mutines, pleines de vivacité et de décision, et qui semblent avoir servi de prototypes à celles que Desiderio da Settignano a placées sur son fameux tombeau de Marsuppini.

L'année 1437 est marquée par une commande d'une importance exceptionnelle, par une mission faite pour ravir les plus orgueilleux : l'Œuvre offre à Donatello une somme énorme — 1,900 florins d'or — pour modeler et pour fondre en bronze les deux portes conduisant à la nouvelle sacristie de la cathédrale. Quelle occasion magnifique, unique, de prendre sa revanche sur Ghiberti! Il semblerait que Donatello dût être au comble de ses vœux. — Eh bien, pour des motifs qui sont enveloppés de ténèbres profondes, il ne commença même pas cet ouvrage monumental, et, quatre années après, l'Œuvre se vit forcée de lui retirer la commande.

Cependant l'exil de Cosme de Médicis n'avait pas tardé à se changer en un retour triomphal. Le « Père de la Patrie » était revenu, en 1434, et un de ses premiers soins avait été d'imprimer une impulsion nouvelle à la construction de son palais. Ce fut vers cette époque, très vraisemblablement, que prirent naissance les huit médaillons en marbre incrustés dans la cour. Donatello y copia, dans des dimensions colossales, des camées et des pierres gravées faisant partie des collections de son protecteur [1]. D'après les récentes recherches de

1. Voyez mes *Précurseurs de la Renaissance*, p. 70.

STATUE EN BRONZE DE DAVID.

(Musée national de Florence.)

M. Wickhoff, conservateur au Musée d'art industriel de Vienne, les huit sujets représentés sont : Diomède tenant le Palladium. — Un Faune portant Bacchus enfant. — Bacchus découvrant Ariadne. — Le Triomphe de Bacchus et d'Ariadne. — Dédale attachant les ailes à Icare. — Ulysse et Athena. — Un Centaure. — Un Prisonnier barbare devant un général.

Voilà bien des tours tels qu'en joue le culte de l'antiquité! L'intention de Cosme était excellente. Mais qu'il aurait mieux mérité de la postérité en demandant à son ami des compositions originales, et surtout des sujets tirés de la vie réelle; son portrait et ceux des siens, des épisodes de l'histoire de Florence, que sais-je! tout, sauf des copies littérales d'un art disparu sans retour!

Son nouveau séjour à Rome, en 1432-1433, avait évidemment favorisé chez Donatello cette recrudescence des souvenirs classiques. Nous devons à la même inspiration, si la date mise en avant par des savants autorisés est exacte, les deux chefs-d'œuvre du Musée national de Florence, le *David*, en bronze, et le *Mercure* ou *Cupidon*, également en bronze.

Dans le *David* (exécuté pour Cosme de Médicis, transporté en 1495 au palais de la Seigneurie), Donatello a entrepris, le premier des artistes de la Renaissance, de remettre en honneur l'étude du nu, si longtemps proscrite. Il y a réussi au delà de toute espérance. Le jeune pâtre, n'ayant pour tout vêtement qu'un pétase et des jambières, est debout, un pied nonchalamment posé sur la tête de Goliath, le glaive dans la main droite, la pierre dans la gauche, qu'il appuie contre sa hanche. Son visage, encadré par de longs cheveux bouclés, rayonne de joie; son corps jeune et souple trahit toute sa vigueur. Fier et ingénu tout ensemble, c'est l'image la plus originale et la plus vivante du vainqueur surpris de sa victoire. Il y a en même temps dans cette figure enchanteresse comme un vague parfum de l'Orient, comme une réminiscence de la poésie biblique. Assurément, avec quelque supériorité que soit modelé le torse, quelque souples et élégants que soient les membres, il ne faut point chercher dans le *David* de ces morceaux d'une science et d'une puissance suprêmes, tels que Michel-Ange en a prodigués, notamment dans les statues du *Jour* et du *Crépuscule* et dans les *Esclaves*, du Louvre. Mais un siècle sépare les deux maîtres, ne l'oublions pas, et l'honneur d'avoir touché le but est bien égalé par celui d'avoir ouvert la voie le premier.

La grâce et la poésie qui débordent dans la figure bizarre tour à tour appelée *Mercure* ou *Cupidon* sont intraduisibles. Ces ailes naissantes, ces serpents enroulés autour des pieds, ces culottes maladroitement attachées, forment le mélange le plus imprévu et le plus saisissant. Et quelle naïveté dans l'attitude du jeune dieu, les bras encore levés, après qu'ils ont lancé

STATUE EN BRONZE DE CUPIDON.
(Musée national de Florence.)

la flèche vers un but invisible, peut-être vers le grand Jupiter lui-même! Quelle beauté parfaite dans ses traits si frais et si pleins; quelle malice et quelle joie dans son regard humide; quelle vision prodigieuse du monde antique! Ici encore, comme dans les médaillons du palais des Médicis, l'artiste du XVe siècle s'est inspiré d'un modèle romain; mais il l'a rajeuni et vivifié! A de telles conditions, on est excusable de sacrifier à l'archéologie

De tous les monuments décorés par Donatello, la sacristie de Saint-Laurent est celui auquel il travailla avec le plus de patience et d'amour. Le tombeau de Jean de Médicis (voyez ci-dessus, page 40), les stucs de la voûte représentant les quatre Évangélistes, le buste de saint Laurent, en ronde bosse (gravé page 61), le buste du même saint et ceux de saint Étienne, de saint Cosme et de saint Damien, en bas-relief, les deux portes en bronze, et une infinité de menus ornements nous montrent son génie sous les faces les plus diverses.

Un contemporain de Donatello, Antonio Manetti (né en 1423, mort en 1497[1]), nous a laissé, dans sa biographie de Brunellesco, des indications qui permettent de dater les travaux de la sacristie. Il nous apprend, d'une part, que Donatello et Brunellesco se brouillèrent à cette occasion (voyez ci-dessus, page 11); de l'autre, que la sacristie était terminée à la mort de Brunellesco, c'est-à-dire en 1446. Or, Donatello ayant quitté Florence en 1444, au plus tard, les différents travaux exécutés dans cet édifice, et entre autres les portes, sont antérieurs à cette date.

Les sculpteurs du XIVe siècle encore, sauf Jean de Pise, avaient respecté le principe de la subordination de la sculpture aux convenances de sa sœur aînée, l'architecture, et, en vérité, cultivant à la fois les deux arts, il ne leur était guère difficile de concilier les exigences de l'un avec celles de l'autre. Dans la porte d'André de Pise, dans les bas-reliefs, exécutés par lui pour les hexagones du Campanile, dans le tabernacle d'Orcagna, dans les bas-reliefs de la façade du dôme d'Orvieto, partout le sujet est en harmonie parfaite avec le cadre, et ces principes, qui sont la base même de la décoration, font encore loi chez beaucoup de sculpteurs du siècle suivant, notamment chez Ghiberti, chez Luca della Robbia, chez les auteurs des monuments funéraires de la Toscane, de Rome ou de la Lombardie.

Il en va autrement chez Donatello : les portes de la sacristie de Saint-Laurent révèlent les avantages comme aussi les dangers de la manière inaugurée par ce novateur implacable. L'artiste y a représenté quarante apôtres ou saints, affrontés deux par deux. La composition semblait tout indiquée : les sculpteurs du moyen âge, et plus d'un encore parmi les sculpteurs du XVe siècle, eussent cherché à représenter leurs héros sous les traits les plus nobles, dans les attitudes les plus graves. Chez Donatello, au contraire, tout souci de la gravité et presque du style disparaît devant la recherche de la vie et devant l'animation du drame. Au lieu d'isoler les figures dans des compartiments distincts, ou de les ranger paisiblement l'une à côté de l'autre sous une arcade, Donatello les montre dans les attitudes et sous les aspects les plus variés, les plus imprévus, de face, de profil, de trois quarts, se courbant, se redressant, s'élançant ou se reculant, s'absorbant dans leurs pensées ou gesticulant. Bien plus, il a voulu établir une action entre les deux acteurs de chaque compartiment; ici les deux voisins conversent paisiblement, là ils discutent, ailleurs ils se disputent ou se boudent. Tantôt un des personnages, s'avançant gravement vers son compagnon, semble, la main étendue vers lui, lui adresser une objurgation; tantôt tous deux invoquent à tour de rôle le témoignage des volumes qu'ils étalent aux yeux l'un de l'autre; dans le compartiment suivant, un des interlocuteurs s'avance, un volume dans la main gauche, la droite levée par un geste d'une suprême éloquence, vers son compagnon, qui, le bras appuyé contre sa hanche et la tunique retroussée, s'apprête à soutenir cet assaut oratoire. Immédiatement au-dessous, par un de ces contrastes que ce grand dramaturge se plaisait à prodiguer, nous voyons les deux voisins lire tranquillement, accoudés l'un en face de l'autre sur le même pupitre. Autre antithèse : dans un des compartiments du bas, les deux saints marchent l'un derrière l'autre, tandis que dans le compartiment qui lui fait pendant ils se tournent le dos.

L'esprit, l'ironie, la verve, que Donatello a semés à pleines mains dans les portes de la sacristie de Saint-Laurent, s'ils nous frappent d'admiration, ne doivent pas nous faire oublier l'erreur capitale commise par l'artiste dans une œuvre destinée à prendre place dans un ensemble architectural. Toutes les règles, non seulement de la symétrie, mais encore du rythme, y sont comme bravées à plaisir. Ici les deux figures sont rapprochées de manière à presque former un groupe; là, reculées chacune à l'extrémité du compartiment, elles laissent entre elles un grand intervalle vide.

Proclamons-le bien haut, seul un Donatello a pu s'essayer, sans s'exposer au plus grave échec, dans un de ces tours de force dont on ne sort pas vainqueur deux fois de suite.

Jusqu'ici, nous n'avons envisagé que l'artiste; le moment est venu de faire connaissance avec l'homme. Des témoignages assez nombreux,

PORTE DE LA SACRISTIE DE L'ÉGLISE SAINT-LAURENT.

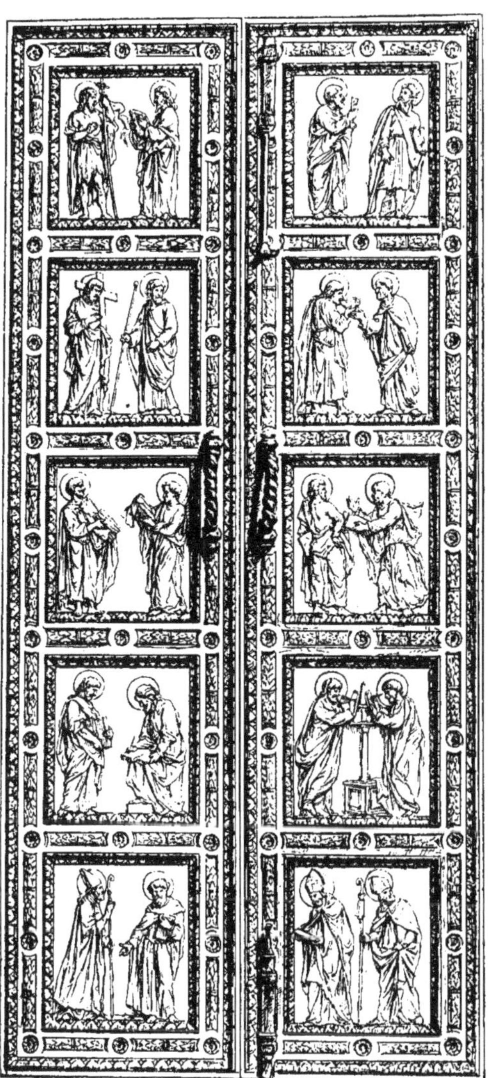

PORTE DE LA SACRISTIE DE L'ÉGLISE SAINT-LAURENT.

groupés autour de l'année 1430, nous permettent de jeter un coup d'œil dans son intérieur et d'essayer de définir son caractère.

Aucun artiste n'a moins vécu en communion d'idées et d'aspirations avec ses concitoyens que Donatello. Qu'y a-t-il de commun entre cette bourgeoisie florentine, préoccupée de calculs mesquins, déjà mûre pour la servitude, et ce maître indépendant, fougueux, dont chaque figure prêche le sacrifice ou la révolte! La société qui les entoure, les événements extérieurs, n'ont pas prise sur des génies pareils; à tout instant ils font échec à la loi des milieux. Mais gardons-nous de prononcer le mot d'égoïsme : si Donatello ne s'est pas appliqué à devenir l'interprète fidèle de ses contemporains, il a su traduire avec une incomparable puissance les sentiments que les esprits d'élite de tous les pays et de tous les temps s'honorent de professer. Indifférent aux luttes des Albizzi et des Médicis, il n'a eu en vue que les grands problèmes dont l'humanité ne se désintéressera jamais. A ce prix, nous lui pardonnons de ne s'être point mêlé de politique.

La vie de Donatello est le commentaire le plus éloquent de son œuvre. Il faut remonter jusqu'à l'antiquité pour trouver des exemples d'un pareil dédain vis-à-vis des détails matériels de l'existence. Ayant réduit ses besoins à leur strict minimum, et persuadé, d'autre part, qu'avec son ardeur au travail il ne manquera jamais du nécessaire, ce stoïcien du XVe siècle ne vit que pour son art, indifférent à la mode, à la brigue, à la faveur.

Donatello, comme Brunellesco, Luca della Robbia, Léonard de Vinci, Michel-Ange et Raphael, vécut dans le célibat. Les douceurs de la vie de famille ne lui furent toutefois pas étrangères : en 1427, il demeurait avec sa mère Orsa, alors âgée de quatre-vingts ans, une sœur restée veuve et sans fortune, nommée Fita, âgée de quarante-cinq ans, et le fils de celle-ci, Giuliano, âgé de dix-huit ans. La famille habitait une petite maison du quartier de Santo Spirito, gonfalon de la Coquille (gonfalone del Nicchio), appartenant à Guglielmo Adimari. Le loyer ne s'élevait qu'à 15 florins. Vasari parle à diverses reprises d'un prétendu frère de Donatello, appelé Simone. Mais il semble qu'il y ait là quelque méprise. Ce qui est certain, c'est que le biographe a fait un seul et même artiste de deux personnages distincts, Simone Ferrucci qui, d'après les découvertes de M. Yriarte, travaillait à Rimini, et Simone Ghini, qui travaillait à Rome.

BUSTE DE SAINT LAURENT.

(Sacristie de l'église Saint-Laurent, à Florence.)

Écoutons la déclaration de biens (la denunzia de' beni) faite à cette époque par l'illustre artiste, déclaration destinée à servir de base à l'impôt sur la fortune mobilière et immobilière : « Donato, fils de Nicolas, fils de Betto, sculpteur (intagliatore)... Sans nulle fortune, sauf quelques meubles et hardes (masserizie) servant à mon usage et à celui de ma famille... J'ai à recevoir du marguillier (operajo) du dôme de Sienne 180 florins pour une composition (una storia) de bronze faite il y a quelque temps (il s'agit du bas-relief de la cuve baptismale de Sienne). En outre, le couvent et les frères d'Ognissanti me doivent de l'argent pour une demi-figure en bronze de saint Rossore, figure pour laquelle il n'a pas été fait de prix. Je crois qu'il me revient encore au delà de 30 florins. »

La déclaration de Michelozzo complète celle de Donatello. En 1427, nous apprend-il, son associé et lui avaient sur le chantier : 1° le tombeau du pape Jean XXIII; 2° celui du cardinal Brancacci de Naples; 3° celui de Bartolommeo Aragazzi de Montepulciano; 4° une statue destinée à la cathédrale de Florence. Ces ouvrages, abstraction faite du tombeau d'Aragazzi, devaient être payés environ 1,750 florins; la fourniture des marbres étant à la charge des artistes.

En 1430, l'artiste habite, dans le même quartier et le même gonfalon, une maison appartenant à l'hospice de Santa Maria Nuova, au loyer de 17 florins. Sa mère, dont il fixe l'âge à quatre-vingt-un ans, et sa sœur, dont il fixe l'âge à cinquante ans, continuent d'habiter avec lui. Seul, son neveu a disparu. Sa situation de fortune n'est pas devenue plus prospère; il doit à ses propriétaires 30 florins, c'est-à-dire une dizaine de termes.

En 1433, la petite famille a de nouveau déménagé; elle s'est installée dans une autre maison appartenant à Santa Maria Nuova, et située dans le « popolo de Santo Raffallo », gonfalon du Dragon, quartier de Saint-Jean. La mère de l'artiste vit encore; elle compte, à ce moment, si son fils a bien calculé, quatre-vingt-quatre ans; Tita en a cinquante-deux. C'est la dernière fois qu'il est fait mention des deux femmes.

Essayons de reconstituer par la pensée ce modeste intérieur d'artiste. Il y a tout à parier que la maison est petite et assez sombre; un crépi recouvre les murs; la terre battue, peut-être le béton, tient lieu de plancher. Point de riches tapis, de meubles dorés. Le seul luxe consiste dans quelques fragments antiques, que l'artiste a rapportés de ses excursions à Rome ou que des admirateurs lui ont offerts.

Admirable privilège du génie! C'est dans le milieu le moins propre à élever l'esprit, c'est en butte à toutes les difficultés de l'existence, que Donatello conçoit ses plus fières et ses plus nobles compositions; il a saisi l'ébauchoir, toutes ces images pénibles s'évanouissent et le voilà supérieur aux favoris de la fortune, conviés par lui aux plus hautes jouissances!

Donatello méprisait le luxe des vêtements aussi bien que celui de

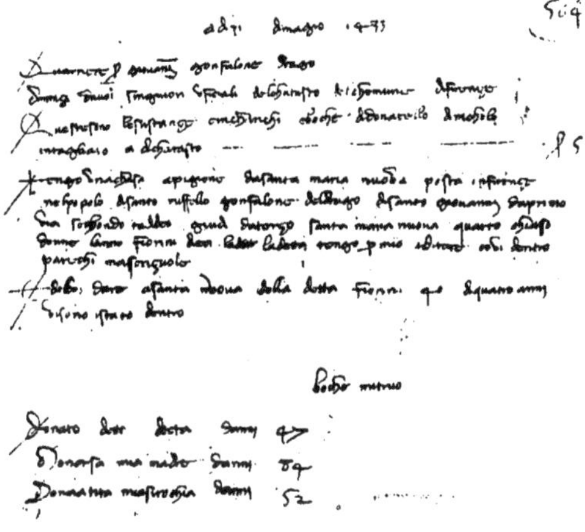

AUTOGRAPHE DE DONATELLO.

l'ameublement. Seuls, les plaisirs de l'esprit avaient un attrait pour ce stoïcien. Le libraire attitré de Cosme de Médicis, Vespasiano de' Bisticci, raconte que Cosme, ne trouvant pas son sculpteur favori vêtu à son gré, lui envoya, un jour de fête, un manteau de couleur rose, un capuchon (cappuccio) et une tunique. L'artiste porta une fois ou deux ce nouveau costume, puis il le rendit, sous prétexte qu'il était trop beau pour lui : « gli pareva essere delicato ».

Quant au dédain de Donatello pour les usages reçus, il touchait à l'invraisemblance : l'artiste ignorait, ou avait oublié jusqu'à la date de sa naissance; tantôt il la place en 1382, tantôt en 1386, tantôt enfin en 1387; en d'autres termes, il ne connaissait son propre âge qu'à cinq années près. Au fond, cela était-il nécessaire pour faire un grand artiste !

Gardons-nous bien de conclure de cette simplicité de manières et de ces défauts de mémoire que le grand sculpteur florentin fût un illettré, un pauvre d'esprit, et qu'à côté de l'ouvrier prodigieux il n'y eût pas un penseur et un poète. Ses relations avec les savants les plus illustres de son siècle, le Pogge, Cyriaque d'Ancône, Giannozzo Manetti, Flavio Biondo, Bartolommeo Fazio, Léon-Baptiste Alberti, le prix que ceux-ci attachent à ses jugements, enfin l'amitié de Brunellesco, des Martelli et des Médicis, nous autorisent à affirmer qu'il était capable de prendre part à tant de doctes entretiens, de discuter avec compétence tant de problèmes transcendants.

Le Florentin spirituel et parfois railleur avait si peu abdiqué chez Donatello, que ses bons mots, ses plaisanteries, ses charges, balancèrent plus d'une fois la réputation de ceux de Giotto, de Buffalmacco, de Bruno, de facétieuse mémoire, ou encore de son sarcastique ami Brunellesco. Ces « donatelliana » frappèrent assez les contemporains pour que ceux-ci jugeassent à propos de nous en conserver un certain nombre. J'en reproduis quelques-uns au hasard.

Les consuls de la corporation des bouchers avaient commandé à Donatello la statue de saint Marc, destinée à une des niches d'Or San Michele. L'ayant vue à terre, dans l'atelier, ils lui trouvèrent une foule de défauts et résolurent de la laisser pour compte. L'artiste les supplia de l'autoriser à la mettre en place, ajoutant qu'ils ne la reconnaîtraient plus lorsqu'il l'aurait retouchée. Cette autorisation accordée, il se contenta de couvrir la statue pendant quinze jours, sans y donner le moindre coup de ciseau, puis il l'exposa, et chacun de la trouver admirable.

Une autre fois, ayant exécuté pour le portail de Santa Croce la statue de saint Louis, on lui reprocha de lui avoir donné une expression de niaiserie : « C'est à dessein, répliqua-t-il, que je l'ai faite ainsi, il fallait en effet que ce saint fût un niais (un goffo) pour quitter son royaume et se faire moine. »

Le brave Paolo Uccello, ce maître si passionné pour la perspective qu'il en perdait le sommeil, fournit à Donatello le thème d'un de ses plus jolis mots. Uccello peignait, sur la porte d'une église du Mercato

Vecchio, saint Thomas posant sa main sur la blessure du Christ. Plein des illusions les plus brillantes, il cachait son œuvre, à grands renforts de toiles, pour ne la livrer aux regards des profanes que complètement terminée, dans toute sa gloire. « Pourquoi diantre, lui disait Donatello, dissimules-tu ainsi ce que tu fais ? » Et Paolo de répondre : « Tu verras; suffit. » Un matin, tandis que le sculpteur faisait ses provisions au marché, Paolo découvre la peinture et, ayant aperçu son ami, il lui demande son avis avec une curiosité facile à concevoir : « Eh! Paolo, réplique Donatello, après avoir considéré le prétendu chef-d'œuvre, maintenant qu'il faudrait cacher ton ouvrage, tu le découvres ! » Le biographe ajoute que Paolo, navré, résolut de ne plus sacrifier qu'à la perspective.

Mais la biographie du grave et sublime sculpteur du *Saint Georges*, du *Saint Jean*, du *Zuccone*, nous réserve une autre surprise encore : nous le voyons prendre part aux charges d'atelier les plus osées, et notamment jouer un rôle actif dans la désopilante mystification du « grasso legnajuolo », imaginée en 1409 par Brunellesco. Il s'agissait de persuader à un de leurs camarades, un charpentier ou menuisier, du nom de Manetto, qu'il était devenu une autre personne, du nom de Matteo. Telle fut l'habileté déployée par les deux mystificateurs que le pauvre Manetto se figura positivement, pendant plusieurs jours, qu'il avait perdu sa personnalité, et qu'il avait passé dans le corps d'un autre. Désabusé enfin, le héros de cette aventure tragico-comique éprouva une telle honte qu'il s'expatria et alla chercher fortune en Hongrie [1].

Cette sérénité, cette bonne humeur avaient pour pendant les qualités de cœur les plus exquises. La libéralité, le dévouement, l'obligeance, de Donatello étaient sans bornes. Il se montrait, nous dit Vasari, meilleur pour ses amis que pour lui-même. Il semblait qu'en matière d'argent l'idée de la propriété fût étrangère à son esprit. Un auteur du commencement du XVIe siècle, Pomponio Gaurico, raconte que le pécule du maître était déposé dans une corbeille suspendue au plafond par une corde : élèves et amis étaient autorisés à y puiser librement au fur et à mesure de leurs besoins.

Le désintéressement de Donatello n'excluait pas une légitime fierté. Un marchand de Gênes lui avait commandé, par l'entremise de Cosme, une tête de bronze qu'il le pria de rendre aussi légère que possible, afin

1. La *Novella del Grasso Legnajuolo*, écrite par Antonio Manetti, un ami de Donatello et de Brunellesco, a été réimprimée à Florence en 1856.

qu'il pût l'emporter facilement au loin. L'ouvrage fini, le marchand ne réussit pas à s'entendre avec l'artiste sur le prix. On convient de soumettre le différend à Cosme. Celui-ci ayant fait placer le buste sur le balcon d'une fenêtre donnant sur la rue, afin qu'on puisse mieux le voir, dit au marchand que son offre était trop modique. Le marchand de répliquer que Donatello n'a guère mis qu'un mois à exécuter cet ouvrage et qu'il croit le rétribuer convenablement en lui payant un demi-florin par jour. Donatello, piqué au vif, crie au marchand qu'il saura bien, dans la centième partie d'une heure, détruire l'œuvre d'une année entière, et, joignant l'acte aux paroles, il précipite le buste dans la rue, où il se brise en mille morceaux. « Vous vous entendez mieux, ajoute-t-il, à marchander les haricots que les statues. » Le marchand consterné a beau lui offrir de doubler la somme s'il consent à recommencer le travail; ses instances unies à celles de Cosme sont impuissantes à vaincre son refus.

A Sienne, nous affirme Vasari, pour se venger des marguilliers qui ne lui avaient pas payé intégralement les honoraires promis, Donatello laissa sans son avant-bras droit la statue de bronze de saint Jean-Baptiste.

Rappelons encore la leçon donnée à la corporation des cordonniers, l'« Arte de' calzolaj », de Florence, à l'occasion de la commande d'une des statues d'Or San Michele. La corporation, trouvant trop élevées les prétentions du maitre, s'adressa, comme pour le narguer, à son élève Nanni di Banco. Le travail terminé, Nanni, qui avait d'abord déclaré s'en rapporter à l'appréciation de ses commettants, exigea une somme bien supérieure à celle qu'avait demandée Donatello. Celui-ci, choisi comme arbitre, donna raison à Nanni, attendu, disait-il, que Nanni, n'ayant pas la même expérience que lui, Donatello, avait consacré à cet ouvrage beaucoup plus de temps, et par conséquent devait être payé davantage. — Rendre service à un ami tout en vengeant ses propres injures, c'est double plaisir: pour une fois, on excusera Donatello d'avoir succombé à la tentation.

Pendant les trois ou quatre années qui précèdent son établissement à Padoue, et notamment de 1441 à 1444, on perd presque complètement les traces de Donatello. Nous savons seulement qu'en 1443 il loua une maison, située près du dôme, dans la région de San Michele Bisdomini.

Se fixa-t-il, dans cet intervalle, à Naples, comme l'admet M. Semper, et y entra-t-il au service du roi Alphonse? On est tenté de le croire en le voyant abandonner le travail le plus considérable que sa patrie lui eût confié jusque-là, les portes de bronze de la sacristie du dôme.

Quoi qu'il en soit, pour des natures aussi riches, et pour des carrières aussi longues, qu'est-ce que quelques années perdues dans le doute ou dans l'inaction ! A Padoue, un artiste nouveau se révèle à l'Italie. Le sculpteur, qui comptait près de soixante ans, s'est refait une jeunesse, son génie brille d'un éclat aussi vif que dans les statues du Campanile. N'eût-il fourni que cette étape, le nom du grand Donatello ne périrait pas.

LA TRINITÉ. (OR SAN MICHELE.)

CHAPITRE V

— 1444-1453 —

Donatello à Padoue. La statue équestre de Gattamelata. — Les statues et bas-reliefs du Santo. — L'histoire de saint Antoine de Padoue.

Depuis les travaux, à jamais mémorables, de Giotto, dans la Madonna dell' Arena de Padoue, jusqu'à l'établissement de Léonard de Vinci à Milan, aucun événement n'a exercé une influence aussi considérable sur la marche de l'art dans la haute Italie que l'apparition de Donatello. Ainsi, à trois reprises différentes, il fut réservé à des Florentins de donner, dans ces régions lointaines, le signal de la Renaissance. Est-il rien qui prouve plus clairement que les aptitudes les plus brillantes et les traditions les plus vénérables ne sont rien, lorsque les leçons de génies supérieurs ne viennent pas féconder ces germes?

Parmi les monuments élevés par l'antiquité, tous, temples, thermes, amphithéâtres, obélisques, colonnes triomphales, arcs de triomphe, statues colossales, avaient le privilège de fasciner au même degré la Renaissance. Mais comme si les souverains et les Républiques du xve siècle avaient eu conscience de la faiblesse de leurs ressources, comparées à celles de l'Empire romain, ils surent borner leur ambition et se contentèrent de reproduire les plus modestes d'entre ces monuments, les arcs de triomphe et les statues équestres.

Exceptionnellement — et ce dut être un vif chagrin pour les Florentins — ce fut en dehors de Florence que se produisirent les premières tentatives de ce genre : Naples fut dotée, par les soins d'Alphonse d'Aragon, de l'Arco di Castel Nuovo, le premier arc triomphal que l'Italie eût vu ériger depuis la domination des Romains, et Padoue, sur l'initiative des Vénitiens, de la fameuse statue équestre de Gattamelata. Peu s'en était fallu, et l'ardent monarque aragonais ravissait cet honneur aux Padouans; nous savons, en effet, qu'il avait songé à joindre à l'Arco di Castel Nuovo son effigie à cheval, et qu'il avait entamé des négociations à ce sujet avec Donatello. Mais ç'eût été trop de gloire pour un seul; le projet en resta là, et la vénérable patrie de Tite-Live eut la satisfaction d'offrir à l'Italie renouvelée ce don de joyeux avènement.

L'exécution de la statue équestre de Gattamelata est, dans son genre, une entreprise comparable à la construction de la coupole de Santa Maria del Fiore. Ici comme là, l'artiste était tenu de retrouver tout ensemble, et les lois du style et les procédés matériels; ce n'était rien encore que de créer à nouveau l'anatomie chevaline, ignorée depuis tant de siècles, que de donner au cavalier et à la monture l'allure et le caractère monumental; il fallait aussi, et par-dessus tout, trouver le moyen de fondre le colosse et de donner la stabilité à cette masse énorme. Si les chevaux de Saint-Marc, de Venise, le *Regisol*, de Pavie, le *Marc-Aurèle*, de Rome, offraient de précieux renseignements au sculpteur, le fondeur, par contre, n'avait à compter que sur ses propres lumières. On comprend que la tâche ait effrayé tous les prédécesseurs de Donatello; qu'à Vérone, aux tombeaux des Scaliger, on se soit contenté de statues équestres en marbre, d'ailleurs de petites dimensions; à Venise, d'une statue en bois doré (tombeau du doge Paolo Savello, aux Frari); à Sienne, de même, d'une statue en plâtre, exécutée par Giacomo della Quercia; à Florence, enfin, d'effigies équestres peintes sur les parois de la cathédrale. Tant d'aveux d'impuissance ne pouvaient que stimuler le courage d'un Donatello.

Au palais de la Ragione, on montre un grand cheval en bois, qui semble avoir servi d'étude préparatoire pour la statue définitive. Quoique la tête soit refaite, le modèle de bois l'emporte, dans le suffrage de quelques connaisseurs, sur le bronze lui-même. A l'occasion de jeux publics donnés au XVe siècle par le comte Capodilista, on recouvrit ce mannequin de peaux, de manière à le faire ressembler à un cheval vivant, et on plaça sur son dos un Jupiter gigantesque [1].

Erasme Gattamelata de Narni doit plus de célébrité à sa statue qu'à ses exploits. Soldat de fortune, comme la plupart des condottieri de la première moitié du XVe siècle, il se distingua au service des Vénitiens, mais sans briller au premier rang; son nom ne vient qu'après ceux des Hawkood, des Braccio di Montone, des Sforza, des Piccinino, des Carmagnola. On aurait donc le droit de s'étonner du splendide témoignage d'admiration et de gratitude que lui accorda Padoue, si l'on ne savait que la République vénitienne, alors maîtresse de cette ville, s'était bor-

1. Perkins, *les Sculpteurs italiens*, t. I, p. 187.

née à décréter généreusement l'érection d'un monument à son ancien général, laissant à la veuve et au fils de celui-ci le soin d'en acquitter les frais.

Gattamelata était mort en 1443; dès l'année suivante, nous trouvons Donatello fixé à Padoue et occupé de la statue.

Par l'ampleur et la puissance des formes, jointes à l'allure que l'artiste a su imprimer à cette machine colossale, le *Gattamelata* est, avec le *Colleone*, la plus belle statue équestre de la Renaissance. Donatello y a exprimé avec une rare vivacité, ce sont les expressions de Vasari, le halètement et le frémissement du cheval, ainsi que le courage et la fierté du cavalier. Solidement campé sur sa gigantesque monture, nu-tête, le regard assuré — un portrait merveilleux — le général tient d'une main la bride, tandis que, de l'autre, il étend le bâton du commandement. C'est le type du condottiere prudent plutôt que fougueux, comme l'était le Colleone. Quant au cheval même, il témoigne de l'étude de l'antique autant que de celle de la nature. Le mouvement, il n'est pas permis d'en douter, est imité de celui d'un des chevaux de Venise.

« Toutes deux, dit le colonel Duhousset, en parlant de la statue de Gattamelata et de celle de Colleone, sont conçues dans le sentiment de l'art antique, avec un modelé indiquant déjà le désir de la recherche anatomique, et un mouvement qui, pour être un peu forcé, n'en est pas moins conforme aux lois de la locomotion animale... Gattamelata, ajoute-t-il, a l'attitude à la fois aisée et imposante; il est solidement campé sur son cheval, mais sans raideur aucune... Le cavalier est de beaucoup supérieur à la monture, dont la tête, le cou et le poitrail sont hors de toute proportion avec la croupe et les membres de derrière [1]. »

Le piédestal du *Gattamelata* est orné de deux bas-reliefs, avec des génies ailés tenant un cartouche surmonté d'un casque dont le cimier se compose d'un chat, emblème de Gattamelata.

Commencé en 1444, le *Gattamelata* ne fut terminé qu'en 1453. Une commission d'experts, choisie moitié par Donatello, moitié par le fils de Gattamelata, fixa, le 3 juillet de l'année en question, les honoraires dus à l'artiste. Considérant « el gran magisterio et inzegnio », elle lui alloua une rémunération totale de 1,650 ducats d'or, — la fourniture du bronze et les autres dépenses matérielles restant à la charge de la famille.

Le souvenir du condottiere vénitien est lié à un autre ouvrage encore

1. *Gazette des Beaux-Arts*, novembre 1883.

de Donatello. Le Musée national de Florence possède le buste en bronze d'un jeune homme, que l'on s'accorde à appeler le fils de Gattamelata. Le personnage est représenté nu-tête, les épaules recouvertes d'une cuirasse par-dessus laquelle est jeté un bout de draperie. Sur la poitrine

STATUE ÉQUESTRE DE GATTAMELATA. (PADOUE.)

s'étale un camée gigantesque, un Amour debout sur un char traîné par deux coursiers fougueux. La figure — imberbe — n'a pas l'accent d'autres bustes de Donatello, par exemple, le *Niccolò da Uzzano* et les bustes d'enfants; la facture a quelque chose de froid et de compassé. Seul, le cou nu, puissamment modelé, trahit la main du maître.

Ne serait-ce pas aussi pendant ses études pour le *Gattamelata* que Donatello aurait exécuté la superbe tête de cheval, en bronze, que Laurent le Magnifique envoya au comte Matalone, à Naples, et qui orne aujourd'hui le musée de cette ville ? Cette tête a souvent été considérée comme antique ; mais le prince Filangieri vient de montrer que dès le début du XVIe siècle elle passait pour l'œuvre de Donatello [1]. La tête du cheval de Naples se rapproche beaucoup de la tête du cheval de Padoue ; on remarque les mêmes plis au cou, et la même disposition des crins entre les oreilles ; en outre les deux chevaux hennissent. Celui de Naples, toutefois, a plus de vie ; les muscles sont plus accentués, l'œil plus enflammé.

En même temps qu'il modelait et fondait sa statue équestre, Donatello recevait de l'administration du Santo (l'église Saint-Antoine de Padoue) une commande d'une rare importance : on le chargea de couler en bronze une dizaine de statues et une vingtaine de bas-reliefs. C'est l'ensemble le plus considérable, à coup sûr, que le XVe siècle ait produit. Dès 1444, l'artiste est occupé à modeler, avec le concours de son élève Giovanni da Pisa, un *Crucifix*. En 1446, il passe un marché pour l'exécution des *Symboles des quatre Évangélistes* et d'*Anges faisant de la musique*. Chacune des quatre premières figures doit lui être payée 16 ducats, chacune des autres 12 ducats ; la fourniture de la matière première restant à la charge de l'Œuvre du Santo. Le 23 juin de la même année, enfin, il s'engage à exécuter les *Scènes de l'histoire de saint Antoine*, à raison de 85 ducats chacune, et les statues de saint François d'Assise et de saint Louis, à raison de 40 ducats chacune.

Le Crucifix de Padoue ne rappelle que trop les critiques naguère formulées par Brunellesco contre celui de Santa Croce. Ici encore le Christ est d'une laideur achevée. Il en est de même du Christ de la *Pietà*, représenté à mi-corps entre deux anges étendant derrière lui une draperie.

Les six statues qui concouraient autrefois à la décoration du maître-autel (elles sont aujourd'hui dispersées dans l'église) soulèvent également des critiques. L'artiste est visiblement gêné par le type et par le costume que lui impose la tradition. Au Campanile de Florence et à Or San Michele, il avait eu affaire soit à des patriarches et des prophètes, soit à des figures sympathiques, telles que saint Jean-Baptiste : rien n'en-

1. *Gazette archéologique*, 1884, p. 15 à 20.

TÊTE DE CHEVAL EN BRONZE.

(Musée national de Naples.)

travait sa liberté, rien ne paralysait son enthousiasme. A Padoue, il s'agit de célébrer les vertus de personnages d'une importance infiniment moindre. Passe encore pour saint François d'Assise. Mais vis-à-vis de saint Antoine de Padoue, de saint Louis, de saint Prosdocime, de saint Daniel et de sainte Justine, on comprend qu'un esprit aussi indépendant que Donatello ait été embarrassé. Ses figures ne le montrent que trop.

Les *Scènes de l'histoire de saint Antoine* fournirent à Donatello l'occasion de s'exercer dans un domaine qu'il n'avait abordé qu'une fois jusqu'alors (dans la *Présentation à Hérode de la tête de saint Jean-Baptiste*) ; je veux parler du drame. Il y a prodigué une entente de la mise en scène, une chaleur, une éloquence qui n'ont été égalées par aucun sculpteur de la Renaissance.

Dans les *Scènes de l'histoire de saint Antoine*, Donatello se montre préoccupé d'éviter l'erreur commise par Ghiberti : traitant le bas-relief en sculpteur et non en peintre, il en proscrit, tout ensemble, les effets de perspective et le paysage. Ses personnages, placés sur deux, tout au plus sur trois rangs de profondeur, se détachent nettement sur un fond d'architecture, qui, faisant l'office de cadre, donne à l'ensemble une tenue singulière. L'artiste n'a fait exception à cette règle que dans le bas-relief représentant la guérison du jeune homme qui s'est coupé le pied; quoique, ici encore, il ait borné la vue de tous côtés par des édifices, il a figuré vers le centre une balustrade, le long de laquelle se tiennent des spectateurs, dont la taille va en diminuant au fur et à mesure qu'ils s'éloignent du premier plan.

Il est une autre erreur de Ghiberti que Donatello a sagement su éviter : au lieu d'entasser jusqu'à quatre ou cinq scènes distinctes dans le même compartiment, il a respecté, un des premiers parmi les artistes italiens, la règle des trois unités. Chacun de ses bas-reliefs ne contient qu'une scène unique.

Mais où le sculpteur florentin s'écarte le plus de la tradition, c'est dans sa conception profondément originale du genre narratif. Ses prédécesseurs, suivis en cela par ses contemporains, avaient cherché avant tout à se pénétrer de leur sujet, au point de vue de la vraisemblance de l'action, d'une part; au point de vue de l'édification, de l'autre. Rien de plus sincère que les récits de la Bible ou de l'Évangile, tels que les ont exposés

SAINT ANTOINE DE PADOUE ACCORDANT LA PAROLE A UN ENFANT POUR PROCLAMER L'INNOCENCE DE SA MÈRE.

(Église Saint-Antoine, à Padoue.)

Nicolas de Pise, André de Pise, Orcagna, les sculpteurs de la cathédrale d'Orvieto, Ghiberti : ils instruisent et touchent. Donatello, au contraire, en vrai fils de l'antiquité païenne, se préoccupe bien plus de prodiguer des figures sveltes et fières, des motifs pittoresques, que de se conformer à la vérité historique. Il revendique vis-à-vis de son sujet la liberté la plus illimitée et proclame, en regard des tendances religieuses et didactiques de ses émules, le principe de l'art pour l'art. Nous ne songeons pas, pour notre part, à nous en plaindre : ces miracles du grand thaumaturge de Padoue nous touchent médiocrement, nous devons le confesser; mais ce qui nous séduit et nous enchante, ce sont toutes ces créations exquises, dans lesquelles semble revivre la beauté antique, ces enfants si ingénus, ces adolescents si fiers, ces vieillards si pleins de majesté. Qu'importe que la plupart d'entre eux soient indifférents, étrangers même à l'action principale! Le reproche d'incohérence serait un blasphème ici. Hors-d'œuvre ou non, ils charment, et l'esprit satisfait n'en demande pas davantage.

Le premier bas-relief représente saint Antoine accordant la parole à un enfant nouveau-né, afin qu'il puisse proclamer l'innocence de sa mère, faussement accusée. Au centre, le saint tendant l'enfant à la mère qui le reprend, le regard chargé de gratitude; à droite et à gauche, de nombreux personnages dans les attitudes les plus diverses. On remarque surtout un jeune homme — le père de l'enfant — en costume collant, avec une sorte de chlamyde jetée sur l'épaule gauche, un bonnet phrygien négligemment posé sur sa chevelure bouclée. Quelque statue de Pâris, le berger troyen, ou de Cupidon, a dû servir de modèle à cette figure d'une beauté achevée. Du côté opposé, une femme debout, les épaules et les seins nus, étend sa droite sur la tête d'une vieille femme placée devant elle, tandis que sa gauche soutient sa robe qui a glissé jusqu'à la hanche. Ici encore, l'artiste a créé un type d'une fierté indicible. Puis ce sont des enfants qui jouent, des jeunes gens qui s'indignent, des vieillards qui discutent, et des femmes dans les attitudes les plus variées et les plus heureuses, de ces attitudes trouvées qui font penser à Giotto, le grand observateur et le grand trouveur. Il est difficile de rendre avec des mots la profonde originalité de l'invention et la fierté de ce style dédaigneux des lieux communs et des sentiers battus. Nous serons forcés d'aller jusqu'à Michel-Ange pour entendre la sculpture parler de nouveau ce langage hautain et véritablement héroïque.

SAINT ANTOINE DÉCOUVRANT UNE PIERRE A LA PLACE DU CŒUR DE L'AVARE.

(Église Saint-Antoine, à Padoue.)

Dans le second miracle, l'âne affamé refusant de manger l'hostie consacrée, il y a plus d'unité, mais moins d'effet. La foule est tout entière à la surprise, à l'admiration que lui cause ce prodige.

Saint Antoine ouvrant la poitrine de l'avare afin de démontrer que son cœur n'est pas resté dans son corps, mais qu'il s'est logé dans son coffre-fort, tel est le sujet du troisième bas-relief, qui est peut-être le plus saisissant de toute la série. Donatello y a prodigué une verve et une puissance dramatique comme l'Italie ne se souvenait pas d'en avoir vu depuis les temps de Giotto, et comme elle n'en devait plus voir jusqu'au jour où Raphael créa cette page éloquente entre toutes, la *Messe de Bolsène*. Cette foule qui se prosterne devant la civière sur laquelle est posé le cadavre, ce vieillard qui chancelle comme étourdi, ce jeune homme qui, dans l'excès de sa vénération, touche le sol du front, ce sont là des traits dont seuls des maîtres grands entre les grands, tels que ceux que nous venons de nommer, ont connu le secret.

Dans le dernier bas-relief, la guérison du jeune homme qui s'est coupé le pied, l'action principale offre peu d'intérêt. Mais en revanche la composition abonde en traits épisodiques d'une vérité et d'une hardiesse étourdissantes : l'enfant qui, debout, les deux pieds joints posés sur les pieds de sa mère, et se retenant à sa manche par une main, jette le haut de son corps en avant comme pour sentir l'impression de la chute, et cette mère même, droite et fière comme une des canéphores du Parthénon, et cette nymphe nonchalamment accoudée à côté d'un dieu fluvial, et ce vieillard descendant péniblement l'escalier, et cet autre, qui, appuyé contre le mur, une main posée sur son abdomen, l'autre contre sa hanche, semble préoccupé de digérer un repas trop copieux.

Le grand bas-relief en stuc du maître-autel[1], la *Mise au tombeau*, est une composition qui, par la simplicité du groupement, rappelle les plus beaux bas-reliefs antiques. Huit personnages, hommes et femmes, entourent le sarcophage; quatre disciples y déposent le cadavre du supplicié avec des précautions infinies, témoignant de leur vénération profonde; les autres acteurs, au contraire, — semblables aux pleureuses antiques, — s'abandonnent à la plus vive douleur, se tordant les bras et s'arrachant les cheveux; ce sont les données ultra-pathétiques introduites

1. M. Drury Fortnum, de Londres, possède une plaque en bronze reproduisant textuellement le bas-relief de Padoue.

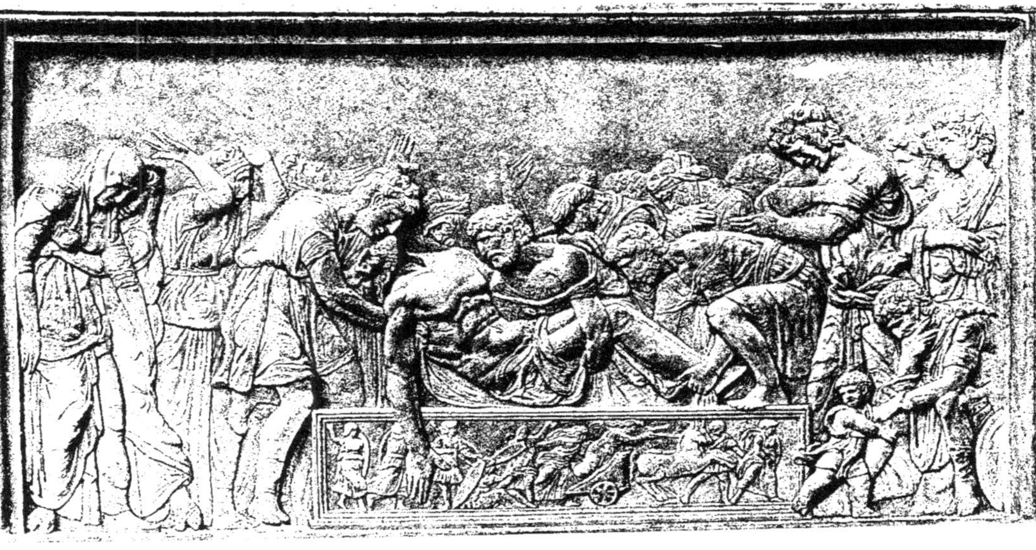

LA MISE AU TOMBEAU.

(Collection Ambrasienne, à Vienne.)

dans l'art par Jean de Pise et par Giotto, qui les avaient eux-mêmes empruntées à leurs devanciers grecs et romains [1].

Une plaque en bronze de la collection Ambrasienne, à Vienne, représente la même scène, mais avec un plus grand déploiement de personnages, plus de finesse dans le style, et peut-être aussi plus de puissance dans l'expression. Un sentiment unique, comme M. Perkins l'a dit en termes excellents, transporte tous les acteurs, depuis l'enfant effrayé qui se sauve vers son père, jusqu'à la vieille femme qui lève les bras au ciel dans un accès de désespoir sauvage. Les détails ne sont pas moins dignes d'admiration : le corps du Christ est un des morceaux les plus parfaits que la sculpture ait produits avant Michel-Ange. Enfin, le merveilleux petit bas-relief imité de l'antique qui se déroule sur le sarcophage forme le contraste le plus saisissant avec cette scène de douleur. Il est d'une hardiesse et d'une élégance sans égales.

Ce qui frappe le plus dans ces différentes scènes, c'est le mélange de ces gestes passionnés, de ces bras jetés en l'air, de ces sanglots, avec des types impersonnels, parfois calqués sur ceux de l'ancienne Grèce (on remarquera entre autres que le nez, au lieu de former un angle avec le front, se prolonge en ligne droite, presque sans solution de continuité, absolument comme dans les peintures de vases antiques). Partout, en effet, dans les bronzes du Santo, le réalisme alterne avec l'imitation de l'antique. Où le secours de l'antiquité a été le plus nécessaire à Donatello, c'est dans l'arrangement des draperies, cette partie si importante de la statuaire. A-t-on remarqué que le maître, qui sait traiter la toge avec tant de liberté, presque de désinvolture, qui excelle dans l'ajustement des sandales ou du cothurne, échoue toutes les fois qu'il essaie de faire endosser à ses héros le costume du temps ? L'habit monacal surtout semble lui susciter des obstacles insurmontables : rien de plus empêtré que les statues de saint François et de saint Antoine, à Padoue, que celle de saint Louis, aux proportions si trapues, dans l'église Santa Croce de Florence. Ne dirait-on pas un Romain de l'ancienne Rome égaré dans le XVe siècle ?

Il nous reste à parler des délicieux bas-reliefs représentant les anges

1. Ces gestes, que l'on croirait modernes, se rencontrent en effet déjà dans les peintures de vases grecs (*Monuments de l'Institut de correspondance archéologique*, t. II, pl. LX.), et sur les sarcophages romains (*Mort de Méléagre*, *Vengeance de Médée*, etc. (Voyez Clarac, *Musée de sculpture, bas-reliefs*, pl. 201, 204, etc.)

musiciens. Douze enfants, séparés les uns des autres, et par cela même plus calmes, plus recueillis que dans les fameux bas-reliefs de la chaire de Prato, de Santa Maria del Fiore et du piédestal de la *Judith*, sont occupés, les uns à chanter, les autres à jouer de divers instruments : flûtes, cymbales, lyres, mandolines. Ce sont les figures les plus fraiches, les attitudes les plus naïves et les plus pittoresques, — un vrai poème en douze chants en l'honneur de l'enfance.

ANGE MUSICIEN.
(Santo de Padoue.)

La recherche du style est frappante dans les *Enfants* du Santo ; les proportions sont plus élancées, les costumes plus purs, les visages plus réguliers (joues bouffies, nez retroussé, cheveux bouclés), les extrémités moins lourdes, dans les pieds surtout, que chez les enfants de la chaire de Prato ou de la tribune de Santa Maria del Fiore. (On peut affirmer, d'une façon générale, qu'à partir de 1424 ou 1425, c'est-à-dire après la débauche de réalisme qui se manifeste dans les statues du Campanile, l'influence antique gagne de jour en jour du terrain chez Donatello.) Seuls, les deux joueurs de flûte, avec leur torse d'athlète et leur abdomen tombant, prêtent à la critique. Mais la réserve que l'artiste s'est imposée n'a aucunement paralysé son imagination. Les types, les costumes, les attitudes, sont variés à l'infini ; que de ressources pittoresques notamment dans l'arrangement des draperies, dans ces chemisettes sans manches, avec leur échancrure qu'un bouton ferme à la hauteur de la cuisse, dans ces chlamydes flottantes nouées sous le menton, dans ces blouses imitées de l'« exomis » antique jetées sur la tunique et plissées à la hauteur des reins ! Jamais le génie du maître n'a montré plus de liberté, d'ingénuité et de fraicheur. Et Donatello avait alors passé la soixantaine !

Les *Symboles des Évangélistes* furent exécutés, sous la direction du maître, par ses quatre principaux élèves, Giovanni da Pisa, Antonio Celino, également de Pise, Urbano de Florence ou de Cortone, et Francesco del Valente. Nous n'insisterons pas sur ces figures, dont on trouvera des photogravures dans la publication de MM. Bode et Yriarte et des moulages dans la chapelle de notre École des Beaux-Arts. Il nous suffira de constater que, même pour les ouvrages auxquels il ne mettait pas la main, la sollicitude du maître s'étendait aux moindres détails de l'exécution. Les surfaces, dit à ce sujet M. Perkins, sont travaillées au marteau, de manière à reproduire les tissus que l'on voulait imiter; les parties secondaires mêmes nous montrent que le consciencieux artiste ne considéra son travail comme achevé que lorsqu'il eut épuisé toutes les ressources de son art.

En thèse générale, Donatello, malgré son inexpérience en matière d'affaires, semble s'être entendu, comme pas un, à organiser et à diriger une vraie armée de collaborateurs. Son atelier, pendant son séjour à Padoue, comprenait une vingtaine de « garzoni », de compagnons. Outre ceux dont nous venons de prononcer les noms, il faut citer Antonio di Giovanni de Sienne, Ser di Piero, le peintre Niccolò, et un certain Bartolommeo.

Les témoignages d'admiration prodigués par les Padouans auraient grisé tout autre artiste. Donatello n'y vit qu'un obstacle à ses progrès. « Si je continue à rester ici, avait-il coutume de dire, leurs éloges me feront oublier tout ce que je sais; à Florence, au contraire, les critiques incessantes de mes compatriotes me forcent constamment à tenter de nouveaux efforts et, partant, me procurent une gloire nouvelle. »

Cette boutade renferme un sens plus profond qu'on ne pourrait être tenté de le croire de prime abord. Il est certain que le sculpteur florentin, vivant dans un milieu infiniment moins artiste que ne l'était sa patrie, se laissa aller à exagérer les défauts de sa manière. A Florence, il lui fallait sans cesse compter avec deux émules délicats et raffinés entre tous, Ghiberti et Luca della Robbia. A Padoue, aucun frein ne retenait cette nature exubérante; abandonnée à elle-même, elle alla du sublime au bizarre et du bizarre au sublime, cédant à toutes les impressions du moment, agitée par tous les vents contraires.

Lorsque Donatello quitta Padoue pour retourner dans sa patrie, il avait, je le répète, perdu quelque chose de ce goût florentin, qui, trois siècles durant, fit la loi en Italie. Mais s'il n'avait rien appris de ses hôtes, que d'enseignements ne leur avait-il pas laissés! La renaissance des arts dans la haute Italie a été provoquée par les étincelles qui ont jailli de ce cerveau toujours incandescent. Sans Donatello, le plus grand des artistes padouans, Andrea Mantegna, aurait longtemps pu chercher sa voie; quant aux Vellano, aux Riccio, et à tant d'autres, jamais sans lui, on peut l'affirmer, ils n'auraient trouvé la leur.

TÊTES D'ANGES. (SANTO DE PADOUE.)

LA REMISE DES CLEFS A SAINT PIERRE.
(Musée de South Kensington.)

CHAPITRE VI

— 1453-1466 —

Les dernières années de Donatello. — Voyages à Venise, Mantoue, Ferrare, Modène, Sienne. — Retour à Florence. — Travaux pour les Médicis. — Les chaires de l'église Saint-Laurent. — Ouvrages divers. — Pauvreté de Donatello. — Sa mort. — Appréciation de son œuvre. — Conclusion.

A partir de 1450, époque vers laquelle les engagements contractés avec les Padouans semblent lui avoir laissé quelques loisirs, Donatello visita tour à tour Venise, Mantoue, Ferrare, Modène, puis Sienne, où il fit de nombreux séjours, de 1457 à 1461.

Nous pouvons passer rapidement sur les travaux exécutés ou plutôt commandés pour ces différentes villes, car, sauf quelques exceptions, ils restèrent à l'état d'ébauche, et plus souvent encore à l'état de projets. Le maître, si actif et si ponctuel naguère, aurait-il senti les atteintes de l'âge, ou bien, après avoir ouvert à la sculpture tant d'horizons inconnus, aurait-il cherché une voie nouvelle? Quoi qu'il en soit, nous le voyons hésiter, manquer à ses promesses, abandonner les travaux commencés, lui dont l'impétuosité, la « furia », comme disent les Italiens, était devenue proverbiale.

En 1450, les habitants de Modène résolurent d'élever une statue en marbre au prince régnant, Borso d'Este, qui venait de leur accorder une diminution de taxes. Ils demandèrent à Donatello, alors probablement de passage à Ferrare, de se charger de ce travail. Le sculpteur florentin se rendit à Modène et convint, le 8 mars 1451, d'exécuter la statue, non en marbre, mais en bronze, au prix de 300 ducats d'or, sur lesquels il reçut, séance tenante, 10 ducats. Il demandait un délai d'un an pour livrer le travail. Il se rendit effectivement dans les carrières des environs pour choisir les pierres destinées au soubassement. Mais ce fut tout. Malgré les instances des Modénois et les promesses de l'artiste, la statue n'était pas encore exécutée en 1453; elle ne le fut très certainement jamais.

En 1451, Donatello est de passage à Ferrare, où il expertise la statue équestre de Borso d'Este, par Niccolò Baroncelli, et celle de Niccolò d'Este, par Antonio di Cristofano, de Florence. Il se charge en outre de différents travaux pour le dôme, travaux qui ne furent pas exécutés.

La même année, il sculpte pour l'autel des Florentins, dans l'église des Frari, de Venise, une statue en bois de saint Jean-Baptiste. Cette statue existe encore.

A Mantoue, où nous le trouvons en 1450-1451, il commence à modeler la châsse (l'arca) destinée à renfermer le corps de saint Anselme, patron de la cité. Mais il ne pousse pas ce travail au delà de l'ébauche, et toutes les instances du marquis Louis sont impuissantes à en obtenir l'achèvement [1].

D'après un critique italien, à l'opinion duquel j'attache le plus grand prix, M. Gustave Frizzoni, un souvenir du passage de Donatello nous serait conservé dans les bas-reliefs de la balustrade de l'église Saint-Sébastien, de Mantoue : des génies nus tenant des écussons ou des emblèmes [2]. Mais, ainsi que j'ai eu l'occasion de m'en expliquer ailleurs, le style de ces bas-reliefs est trop facile, trop régulier, je dirai presque trop « rond », pour appartenir à cette époque. Je me refuse surtout à y voir l'œuvre d'un maître aussi fougueux et aussi irrégulier que Donatello. On serait mieux fondé, je crois, à en faire honneur à un habile archi-

1. *Giornale di Erudizione artistica*, t. II, p. 4 et suiv. (Article de M. Braghirolli.)

2. *Di alcune insigni opere di scultura... in Mantova*; Pérouse, 1873, p. 2 et suiv. — Gravés dans *la Renaissance en Italie et en France à l'époque de Charles VIII*, p. 336. Cf. p. 339.

tecte et sculpteur florentin fixé à Mantoue, dans la seconde moitié du xve siècle, Lucas Fancelli. Ajoutons que la construction de l'église Saint-Sébastien n'a été commencée qu'en 1460, c'est-à-dire plusieurs années après le passage de Donatello à Mantoue.

Ce fut vers cette époque également, tout permet de l'affirmer, que Donatello exécuta le buste de *Saint Jean-Baptiste* et la statue en bois de *Saint Jérôme* [1], tous deux au Musée de Faenza.

Le *Saint Jean*, autrefois la propriété de Sabba da Castiglione, se distingue — ce sont les expressions de M. Bonnaffé — « par un naturalisme plein de grâce, une expression naïve, ouverte, prise sur le fait, une chevelure souple, vivante et soyeuse, une exécution d'une délicatesse achevée [2] ».

A partir de 1457, fatigué de ses pérégrinations stériles, Donatello choisit de nouveau pour résidence la Toscane. Le septuagénaire éprouve le besoin de se rapprocher de sa ville natale; une invitation de ses concitoyens eût suffi pour le ramener à Florence; elle semble s'être fait attendre, et c'est Sienne qui le possède presque sans interruption, de 1457 à 1461. Une pétition rédigée à son instigation annonce qu'il est décidé à vivre et à mourir dans cette ville. Cependant, malgré ses promesses, malgré l'accueil bienveillant des autorités siennoises, nous assistons derechef à l'attristant spectacle des commandes acceptées avec enthousiasme, puis sacrifiées sans raison. A Sienne comme à Florence, Donatello s'engage à exécuter des portes de bronze qui ne virent jamais le jour; l'artiste se borna, en effet, à en exécuter une maquette en cire. Il en est de même de la statue de saint Bernardin, destinée à la Loge des marchands. Seuls, un *Goliath*, depuis longtemps perdu, et un *Saint Jean-Baptiste* en bronze, prennent naissance. Et encore ce dernier, exécuté en 1457, et que l'on admire dans la cathédrale de Sienne, n'a-t-il pas de bras.

Les seuls Mécènes vis-à-vis desquels l'ardeur du maître ne se ralentit pas, pendant cette dernière période, furent les Médicis.

Nous n'avons touché qu'incidemment jusqu'ici aux relations de

1. Récemment photographiés par MM. Alinari.

2. *Sabba de Castiglione;* Paris, 1884, p. 21 (avec gravure). Nous devons à l'obligeance de M. Bonnaffé de pouvoir placer sous les yeux du lecteur une reproduction de cette belle figure si franche et si inspirée.

Donatello avec cette puissante famille, dont il était plus que l'ami, presque un membre. Le tombeau de Jean XXIII, celui de Jean de Médicis, le père de Cosme, tombeau déjà terminé en 1428, les médaillons du

BUSTE DE SAINT JEAN-BAPTISTE.
(Musée de Faenza.)

palais, et l'une ou l'autre des statues de bronze, le *David*, notamment, tels furent les premiers ouvrages qu'il exécuta pour ces patriciens qui, avec les Martelli, ont le plus fait pour honorer le grand artiste.

A partir de son retour de Padoue, ce fut pour eux qu'il travailla presque exclusivement : il leur consacra ce qui lui restait d'ardeur et de forces.

Les deux chaires de l'église Saint-Laurent (ou plus exactement les deux ambons, car elles ont la forme traditionnelle de coffres posés sur des colonnes et isolés de toutes parts) laissent percer plus d'une trace de défaillance. Hâtons-nous d'ajouter que l'esquisse, peut-être même la pensée première seule, appartient au maître : l'exécution définitive est due à son élève Bertoldo.

LA MISE AU TOMBEAU.
(Chaire de l'église Saint-Laurent, à Florence.)

La *Crucifixion*, la *Mise au tombeau*, la *Descente aux Limbes*, la *Résurrection*, l'*Ascension*, telles sont les scènes représentées dans les bas-reliefs en bronze qui ornent les deux chaires.

La *Crucifixion* abonde en traits pathétiques : comme dans les *Mises au tombeau* du Santo de Padoue et de la collection Ambrasienne, la résignation, la douleur muette, l'accablement, alternent avec les sanglots ou les cris d'indignation. La composition, très riche, comporte un grand déploiement d'acteurs, centurions à cheval, soldats costumés à la romaine, disciples, anges et démons ; elle n'est pas exempte de confusion. Il en est de même de la *Mise au tombeau* reproduite ci-dessus.

Si ces scènes, malgré leurs lacunes, se distinguent encore par des beautés du premier ordre, les bas-reliefs de la chaire opposée, la *Descente aux Limbes*, la *Résurrection* et l'*Ascension*, trahissent une sorte d'agitation fébrile. L'artiste, comme impatient du joug de la réalité, ne s'inquiète plus ni de l'ordonnance, ni du modelé, ni presque de la vraisemblance. On voit sa main crispée passer rapidement sur tant de détails qui lui étaient chers autrefois, pour ne s'attacher qu'à l'expression d'une

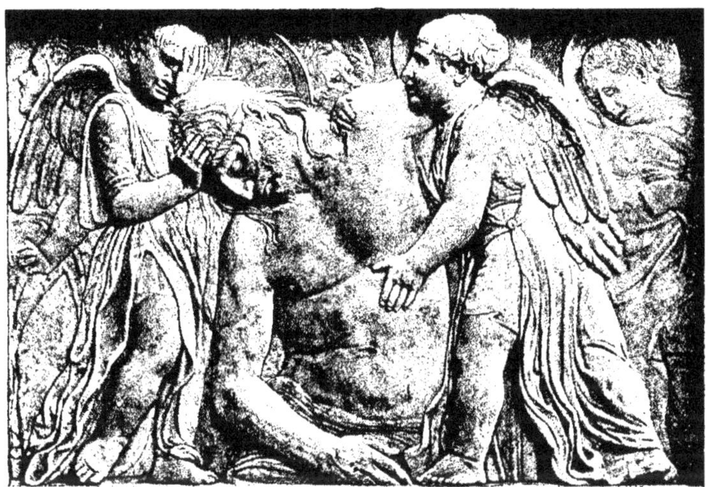

LE CHRIST SOUTENU PAR DES ANGES.
(Musée de South Kensington.)

idée unique : dans la *Descente aux Limbes*, l'empressement des vieillards rachetés par le Christ ; dans la *Résurrection*, le sommeil profond des gardiens du tombeau ; dans l'*Ascension*, la vénération de la Vierge et des disciples. Symptôme caractéristique : les formes mêmes sont vieilles ; vieillard, Donatello s'est plu à représenter des vieillards chenus et ridés ; il n'est pas jusqu'à son saint favori, le Précurseur, qu'il ne nous montre comme courbé, blanchi et desséché par l'âge.

Beaucoup d'autres ouvrages encore prirent naissance pour les Médicis : la *Judith*, dont nous parlons plus loin ; un buste en bronze de la femme de Cosme, le Père de la Patrie, buste existant au XVIe siècle encore, et qui a disparu depuis; le *Triomphe de Silène*, plaquette en bronze, conservée au Musée national de Florence (attribué par quelques connaisseurs à Agostino di Duccio).

Une lettre inédite de Pierre, le fils de Cosme, à son fermier (fattore) de Caffaggiuolo, lui annonce l'envoi, sous la date du 12 septembre 1454, de caisses contenant entre autres : « una tavola di bronzo, una testa di bronzo, una capsa vecchia, sono di Donatello. »

Il nous reste à mentionner les services rendus par Donatello aux Médicis, comme organisateur de leur collection d'antiquités. Ce fut lui qui choisit les pièces principales et qui les restaura, témoin le *Marsyas* décrit par Vasari. Son jugement en matière d'archéologie faisait autorité; ici encore il servit d'initiateur à ses contemporains.

J'ai réservé pour la fin de ce travail l'étude d'un certain nombre de statues ou de bas-reliefs, dont il est difficile de fixer la chronologie et qui sont aujourd'hui dispersés dans toute l'Europe.

L'examen des ouvrages attribués à Donatello exigerait à lui seul un gros volume. Ainsi qu'il lui arrive d'ordinaire, la critique a fait honneur au maître de tous les morceaux remarquables qui ont pris naissance de son temps. Les hommes de génie jouissent, devant la postérité, de privilèges excessifs. Tout ce qui est bon est revendiqué en leur faveur, tout ce qui est mauvais est mis sur le compte de leurs élèves.

Essayons de résumer rapidement les principales de ces attributions.

Le musée de South Kensington possède un bas-relief en marbre, aussi étrange que saisissant, qui représente le *Christ remettant les clefs à saint Pierre*. Les juges les plus autorisés, et en dernier lieu M. Robinson, attribuent à Donatello cette œuvre remarquable, qui, après avoir appartenu, en 1591, aux Salviati de Florence, est entrée dans la suite au musée Campana, qu'elle a quitté pour prendre place au South Kensington Museum.

L'ouvrage, d'un relief à peine sensible, mais d'une netteté et d'une vigueur telle, qu'il parait comme buriné par la main d'un Mantegna, se distingue et par l'extrême laideur des types, notamment dans la vieille femme agenouillée près du Christ, et par la hardiesse des raccourcis, la sûreté du modelé, la simplicité grandiose du style. Ce sont les attitudes et les effets de draperies les plus inattendus, c'est l'ordonnance la plus originale — une sorte de pyramide, dont le Christ forme le sommet —

LE MARTYRE DE SAINT SÉBASTIEN.
(Collection de M. Édouard André, à Paris.)

ce sont les expressions les plus dramatiques. Par une fantaisie qui ne doit pas nous surprendre chez Donatello, le relief va en diminuant, depuis le centre jusqu'aux extrémités, notamment à gauche, et cette concentration de l'attention sur le groupe composé du Christ et des disciples ajoute encore au caractère de l'ensemble. (Voy. page 84.)

Un autre bas-relief, en marbre, de la même collection, nous montre le Christ à mi-corps, soutenu par deux anges, avec trois anges au second plan. On admirera surtout le modelé du torse du Christ, il révèle une science consommée de l'anatomie. L'ange qui, d'une main soutient la tête du supplicié et de l'autre couvre son visage mouillé de larmes, est également d'une beauté parfaite. (Voy. page 89.)

Quant à la fameuse patère en bronze, acquise des Martelli, en 1863, pour le même musée, elle appartiendrait, d'après des juges autorisés, non au XVe siècle, mais au XVIe. Il faudrait donc la rayer du catalogue de l'œuvre du maître.

A Lille, au Musée Wicar, se trouve un bas-relief en marbre, du relief le plus léger, représentant un sujet analogue à celui de la cuve baptismale de Sienne, le *Festin d'Hérode*, mais dans des données différentes. A gauche, un festin, avec sept convives assis à table; plus loin, derrière eux, une balustrade avec des spectateurs; au centre, Salomé dansant. A droite, entre autres, un enfant assis sur les marches d'un escalier. Sur le fronton du portique abritant la table du festin, sont sculptées deux figures nues, couchées, se tournant le dos; ces motifs, d'une rare élégance, sont comme une première pensée du *Crépuscule* et de la *Nuit* de Michel-Ange.

La hardiesse de la composition ne permet pas de douter que le *Festin d'Hérode* ne soit de la main de Donatello. Quant au style, certaines figures se rapprochent de celles de Padoue. Ce serait donc à cette époque que l'artiste aurait exécuté ce travail peu connu, mais dont l'authenticité nous semble indiscutable.

Une merveilleuse plaquette en bronze, appartenant à M. Édouard André, nous montre saint Sébastien souffrant le martyre : c'est une scène d'une concision et d'une éloquence admirables. Le saint est debout contre une colonne, les pieds attachés à la base, les coudes attachés au chapiteau, derrière lui, à la hauteur de sa tête; cette attitude le force à développer la structure osseuse de sa poitrine, qui est modelée avec une rare vigueur. La tête baissée, sous l'excès de la souffrance, il écoute les consolations que lui prodigue un ange (aux draperies fouillées comme celles de la Vierge de Santa Croce), debout à côté de lui, une main levée vers le ciel; à droite, deux personnages, aux mines farouches, tendent

STATUE DE SAINT JEAN-BAPTISTE.

(Musée national de Florence.)

contre lui des arcs gigantesques. L'énergie de la pose et la beauté du motif, ces deux figures placées parallèlement, et cependant si différentes, n'ont pas été surpassées. Seul un Donatello a pu concevoir une scène d'une puissance pareille. On remarquera que ces bourreaux sont d'une taille infiniment plus petite que le saint. Peut-être l'artiste a-t-il voulu marquer par là l'éloignement. Quoi qu'il en soit, cette licence ne fait qu'ajouter à la hardiesse de ce petit ouvrage, qui égale les pages de dimensions monumentales.

Au Louvre, une plaquette en bronze, provenant de la collection His de la Salle, la *Flagellation*, est attribuée, avec beaucoup de vraisemblance, à Donatello. Les figures sont assez sommairement modelées, mais on admirera la sûreté avec laquelle le ciseleur a relevé le travail du fondeur. D'après les recherches de M. Louis Courajod, la plaquette du Louvre se trouvait, au commencement du XVIIe siècle, à Padoue, chez Andrea Benavidès [1]. Un surmoulage moderne de la *Flagellation* est conservé au Musée de Berlin.

On attribue en outre à Donatello un certain nombre de bas-reliefs représentant la Vierge à mi-corps avec l'Enfant Jésus (tabernacle de la Via dei Martelli, à Florence; galerie de Turin, etc.) [2]. Mais ces ouvrages, dans lesquels l'Enfant Jésus se distingue par son extrême laideur, n'ont rien de commun avec le maître.

C'est surtout dans les figures isolées que Donatello a exercé l'influence la plus profonde. Novateur quand même, il n'accepte pas plus la tradition pour l'iconographie sacrée que pour le style; il entend renouveler tous les types sans exception, en recourant directement aux sources originales, et sans tenir le moindre compte des interprétations intermédiaires. Il va jusqu'à supprimer à tout instant les nimbes et bon nombre d'autres attributs consacrés.

C'est ainsi que, revenant à la théorie de saint Justin et de Tertullien, il fait du Christ le plus laid des hommes, et non, comme le moyen âge, une figure tour à tour belle ou majestueuse. La leçon que son ami Brunellesco lui avait infligée à l'occasion du crucifix de Santa Croce ne lui avait pas profité : dans le crucifix de Padoue, dans la *Flagellation* du Musée du Louvre (décrite ci-dessus), dans la *Mise au tombeau* du Santo de Padoue et dans celle de la collection Ambrasienne,

1. *Bulletin de la Société des Antiquaires de France*, 1884, p. 223.
2. Semper, p. 168, 169.

STATUE DE SAINT JEAN-BAPTISTE.

(Palais Martelli, à Florence.)

dans l'un des ambons de l'église Saint-Laurent, partout Jésus nous apparait sous les traits d'un homme âgé, aux traits vulgaires, privé de toute beauté et de toute éloquence. Ne croirait-on pas entendre l'Africain Tertullien s'écriant dans son langage pittoresque et incorrect : « Si Jésus était laid aux yeux des hommes, si ses traits étaient grossiers et vils, je reconnais en lui mon Dieu. »

Parmi les figures tendres ou héroïques qui peuplent l'Olympe chrétien, saint Jean-Baptiste, le patron par excellence des Florentins [1], eut le privilège de préoccuper le plus assidûment l'imagination de Donatello. L'artiste, pour représenter dignement l'austère ascète, le précurseur enthousiaste, prodigua toutes les émotions dont son âme était pleine, toutes les ressources d'une technique variée et raffinée entre toutes; il représenta le fils de Zacharie en buste et en pied, en ronde bosse, en bas-relief et en « stiacciato ». Telle fut l'ardeur qu'il apporta dans sa tâche moitié patriotique, moitié religieuse, que par lui l'iconographie du saint s'est trouvée fixée à toujours. Aujourd'hui même, il nous serait difficile de nous figurer l'adolescent qui, retiré dans le désert, se nourrissait de sauterelles et de miel sauvage, autrement que sous les traits amaigris et inspirés que lui a donnés le sculpteur florentin dans la statue et dans le buste de la Casa Martelli, dans les bustes du Musée de Faenza et de la collection Albert Goupil [2], dans la statue en bois des Frari de Venise, dans les statues en bronze du Musée de Berlin et du dôme de Sienne, dans le bas-relief du Musée national de Florence (expression dure, convaincue et bornée), et dans tant d'autres compositions. (Collection de M. G. Dreyfus, bas-relief avec saint Jean-Baptiste et l'Enfant Jésus affrontés, etc.)

Après saint Jean-Baptiste, c'est la figure du jeune pâtre appelé à ceindre la couronne, que l'artiste traite avec le plus de prédilection. Il représenta David une première fois en marbre, dans la statue assez malencontreuse du Musée national de Florence. Une autre statue en marbre — inachevée — l'artiste l'aura abandonnée, parce que le bras gauche est manqué, se trouve au palais Martelli. La troisième enfin, la plus belle, est la statue de bronze du Musée national, gravée ci-dessus.

1. Io fui della città che nel Batista
Cangiò il primo padrone...
(*Inferno*, ch. XIII, v. 143.)

2. Gravé dans la *Gazette des Beaux-Arts*, 1885, t. I, p. 582.

BUSTE DE SAINT JEAN-BAPTISTE.

(Musée national de Florence.)

Les prophètes ont été moins bien partagés. Donatello les a représentés tantôt comme des visionnaires, tantôt comme des sceptiques (statues de Jérémie et du Pogge).

La femme ne tient pas dans l'œuvre de Donatello la place à laquelle elle aurait droit. Sauf dans l'*Annonciation*, de Santa Croce, et dans la *Judith*, elle n'apparaît qu'incidemment, dans des rôles subalternes. Aussi bien, n'est-il pas de figure qui s'accommode moins du réalisme. La représenter sous forme de momie, comme dans la *Madeleine* du Baptistère, ou les cheveux épars, les traits crispés par la douleur, les bras jetés en l'air, comme dans les différentes *Crucifixions* ou *Mises au tombeau*, mieux valait renoncer à lui consacrer son ciseau. Ce n'est pas toutefois que Donatello n'ait entrevu de loin en loin, comme à travers une éclaircie, les séductions de celles qu'il fuyait dans l'art comme dans la vie : outre la Vierge, si pudique et si gracieuse, de Santa Croce, il nous a laissé, dans la princesse délivrée par saint Georges (bas-relief d'Or San Michele), l'indication plutôt que l'image d'une femme jeune et belle. Le bas-relief de la collection de lord Elcho, représentant *Sainte Cécile,* en profil, les yeux baissés, les cheveux artistement rattachés unis par une bandelette, le cou nu, d'un galbe irréprochable, est aussi une de ces visions trop fugitives et trop rares.

La plus célèbre des statues de femmes de Donatello est la *Judith*, coulée en bronze pour Cosme, le Père de la Patrie, et installée en 1495, après l'expulsion des Médicis, sur la place de la Seigneurie, avec la fière épigraphe : EXEMPLUM SALUTIS PUBLICAE CIVES POSUERE. Cet ouvrage cependant peut soulever plus d'une critique. Judith est embarrassée dans les draperies trop amples et trop riches (on remarquera surtout sa superbe écharpe orientale), qui enlèvent à son attitude la fierté; le geste par lequel elle brandit le glaive manque de vigueur à la fois et de noblesse. Quant à Holopherne, assis devant elle, les jambes pendantes sur le piédestal, c'est une figure encore moins attrayante. L'artiste s'est évidemment efforcé d'y marquer l'engourdissement des membres par le vin et le sommeil. Il n'a que trop réussi.

Une particularité qui n'a pas été relevée jusqu'ici, c'est la ressemblance de la *Judith* avec la *Prisonnière germaine*, la prétendue *Thusnelda*, aujourd'hui placée à quelques pas d'elle, sous la loge même des Lanzi, mais conservée au XVe siècle à Rome, où Donatello aura eu l'occasion de l'étudier. C'est le même visage plein et expressif, quoique moins jeune que dans le marbre antique, les mêmes yeux grands et presque langoureux, le nez droit, continuant la ligne du front, le menton harmonieusement arrondi.

Le piédestal de la *Judith* contient une ronde bacchique, qui trahit bien

BUSTE DE SAINTE CÉCILE.
(Collection de lord Elcho.)

des défaillances. Aussi, serions-nous disposés à classer cet ouvrage parmi les derniers qu'ait exécutés Donatello.

Nul doute que si Donatello avait vécu un siècle plus tard, il n'aurait, comme Michel-Ange, négligé l'étude de la nature pour s'attacher à des conventions, à des formules. Sa facilité prodigieuse l'exposait à ce danger. Au xve siècle, heureusement, les artistes, n'ayant pas devant les yeux la même abondance de chefs-d'œuvre, et la mémoire moins chargée de réminiscences, étaient forcés à tout instant de consulter le modèle vivant et retenus, ainsi, dans les limites d'un réalisme salutaire. Si Michel-Ange a creusé plus que tout autre les problèmes de l'anatomie, que de parties de l'art déjà sacrifiées chez lui! A-t-on remarqué que le plus grand des sculpteurs modernes n'a jamais voulu ou su faire un portrait? Ses personnages historiques, Julien et Laurent de Médicis, sont des types de pure convention, non des êtres réels, tels que ceux dont Raphael, par exemple, nous a transmis les traits. Il y avait chez ce génie si éminemment abstrait comme une sorte d'impuissance à chasser l'idéal qu'il avait devant les yeux, pour regarder un instant en face l'individu avec ses imperfections et ses contradictions.

La sculpture de portrait, si florissante chez les Grecs et les Romains, si délaissée par le moyen âge, qui n'en fit guère usage que pour les monuments funéraires, doit, comme tant d'autres branches de l'art, sa renaissance à Donatello. Le maître avait trop souvent donné aux personnages de l'histoire sainte — à Josué, à David, aux prophètes — la physionomie de ses contemporains, pour ne pas être tenté d'aborder franchement la réalité et de représenter ses amis, non plus sous de fausses couleurs historiques et dans un costume emprunté, mais en hommes de son temps.

Le *Gattamelata* de Padoue montre ce que le sculpteur florentin savait mettre de pénétration et de précision dans sa caractéristique.

Quelque parfait que soit cet ouvrage, et en raison même peut-être de sa perfection, il n'approche pas du prodigieux, de l'étourdissant buste en terre cuite coloriée de Niccolò da Uzzano.

Nous rangerons dans la classe des portraits les nombreux bustes dans lesquels le maître s'est plu à fixer, sans intention symbolique aucune, les traits de quelque enfant ou adolescent dont la physionomie l'avait frappé par son originalité ou sa beauté. Un connaisseur justement renommé, M. le baron de Liphart, nous fait part, à ce sujet, d'une hypothèse des plus séduisantes. D'après lui, ces bustes représenteraient surtout de jeunes membres de la famille Martelli; tantôt, c'est la même figure, vue à des âges différents; tantôt, à en juger par l'air de famille, c'est un parent, frère ou cousin.

L'église des Vanchettoni possède deux de ces bustes, dont les gravures placées ci-contre permettent d'apprécier la haute originalité. L'un

STATUE DE JUDITH.
(Loggia de' Lanzi, à Florence.)

nous montre un enfant presque morose, l'autre un adolescent à la figure inspirée (peut-être saint Jean-Baptiste). On a douté de l'authenticité du second. Mais M. de Liphart, dont je demande la permission d'invoquer ici encore le témoignage, me communique à ce sujet une observation des plus justes. L'on demande à l'artiste, écrit-il, de n'avoir qu'un seul type; dès que l'on rencontre une physionomie qui s'écarte de ce type préconçu, on affirme que l'œuvre est d'une main différente! — Que voilà bien peintes au vif les subtilités hypercritiques dont de prétendus connaisseurs abusent si singulièrement de nos jours!

Donatello a représenté l'enfant sous toutes ses faces, dans toutes ses expressions, avec les cheveux coupés ras ou crépus, ou bouclés, séparés par une raie au milieu du front, ou retenus par une bandelette, à la mode antique; il l'a montré tour à tour pensif et recueilli, comme dans l'exquis buste en marbre qui, de la collection Timbal, a passé dans la collection de M. Dreyfus, ou tendre et ému, ou gai, vif, mutin, pétulant, débordant de gaieté et de bonheur, ou encore en proie à une sorte de délire bacchique. C'est le commentaire anticipé et varié à l'infini des belles strophes des *Feuilles d'automne* :

Il est si beau l'enfant avec son doux sourire...

La plus délicieuse, à coup sûr, de ces représentations est le buste de la collection Miller, à Vienne : les touffes de cheveux, élégamment ramenées en arrière, ou collées sur le front, le nez retroussé, plein d'esprit, une fossette creusée dans chaque joue, les yeux inondés de joie, la bouche entr'ouverte laissant voir les dents petites et fines, — c'est une personnification inimitable du rire de l'enfance, le rire le plus franc, le plus gai, le plus jeune qui se puisse concevoir.

Donatello est le premier en date des artistes qui n'ont vu dans la nature que l'homme. Le règne végétal semble fermé pour lui. Parmi les représentants du règne animal, il ne s'est intéressé qu'au cheval et au lion. De ses chevaux, nous en avons suffisamment parlé; il est à peine nécessaire de rappeler que, mis en goût par les études faites à Padoue, il les a prodigués dans la *Crucifixion* et la *Mise au tombeau*, de l'église Saint-Laurent. Il nous reste à décrire son lion, autrefois installé sur la place de la Seigneurie (où on lui a substitué une copie moderne), aujourd'hui exposé au Musée national. Les Florentins, on le sait, possédaient une ménagerie fort riche; l'artiste eut donc toutes les facilités possibles pour étudier le roi des fauves. Mais il semble avoir été lié en même temps par la forme traditionnelle que ses concitoyens donnaient à ces sortes de représentations. Le lion (il marzocco) était en effet l'emblème de la domination florentine : c'est dire qu'il affectait un caractère héraldique. De là vient sans doute que Donatello, au lieu de céder à ses inspirations et de nous montrer le lion fougueux, rugissant, comme l'avait fait avant lui Nicolas de Pise, comme l'a fait depuis Barye, l'a représenté posément assis, la queue enroulée autour de ses pattes de derrière, soutenant d'une de ses pattes de devant l'écusson avec le lis florentin. Le corps est d'ailleurs étudié avec beaucoup de soin et la tête ne manque pas de puissance.

Ces ouvrages, quelque nombreux qu'ils paraissent, ne forment qu'une partie de l'œuvre du maître. Outre les diverses *Vierges à l'Enfant* citées par Vasari, outre l'*Abondance* placée sur une colonne du Mercato Vecchio (détruite en 1721) et l'encadrement de celle des niches d'Or San Michele, dans laquelle prit place le *Saint Thomas* de Verrocchio, Donatello a sculpté de sa main des écussons sur un grand nombre de façades ou de cheminées, entre autres l'écusson du palais Martelli et celui du palais Gianfigliazzi. On lui fait également honneur de deux superbes vasques en marbre, conservées l'une au Musée national, l'autre dans la ville de Castello.

A Paris, outre le buste d'enfant de la collection Dreyfus, et les bronzes du Louvre et de la collection André, on attribue à Donatello une série nombreuse d'ouvrages, tous très distingués, mais dont plus d'un, certainement, provient de la main de contemporains du maître, non de la sienne. Je citerai, d'après M. Piot [1], un buste de l'Enfant Jésus, en terre cuite, appartenant à M. Édouard André; un buste en marbre de l'Enfant Jésus, appartenant à M. Charles Ephrussi; deux génies en bronze, destinés à porter des candélabres, dans la collection de M. Piot; enfin le buste connu sous le nom de Julien l'Apostat, dans la collection de M. le baron Seillière (moulage exposé à l'École des Beaux-Arts).

Vasari parle avec admiration des dessins de Donatello; il en avait lui-même réuni quelques-uns dans son célèbre recueil, le *Libro dei disegni* :

1. *Gazette des Beaux Arts*, 1878, t. II, p. 582-583.

BUSTE D'ENFANT.

(Église des Vanchettoni, à Florence)

BUSTE D'ADOLESCENT (SAINT JEAN-BAPTISTE?).

(Église des Vanchettoni, à Florence.)

c'étaient des figures d'hommes, soit nues, soit drapées, ainsi que des figures d'animaux. L'habileté et la rapidité avec lesquelles le maître traçait ces esquisses étaient sans pareilles. D'après un auteur du commencement du XVIe siècle, Pomponius Gauricus[1], il ne cessait de répéter à ses élèves, quatre siècles avant Ingres, que toute l'essence de l'art se trouvait comprise dans le mot dessin. « Un jour, ajoute Gauricus, un certain messire Balbo étant venu lui demander de lui montrer son recueil de modèles (abacus), l'artiste lui dit de revenir le lendemain matin. Ainsi fut fait. Après lui avoir fait partager un modeste repas : « Outre l' « abacus » « que vous voyez là, dit Donatello à son hôte, je ne possède que celui que « moi seul je puis voir et que j'emporte constamment avec moi sans qu'il « m'embarrasse. Si cependant vous désirez en examiner d'autres, eh bien, « jeunes gens, apportez-moi un crayon et du papier. » Et, sur-le-champ, comme s'il les copiait d'après son recueil de modèles, il fit défiler devant les regards de son hôte toutes sortes de compositions, des hommes vêtus du pallium ou de la toge, ou bien nus. »

Plusieurs collections publiques se vantent de posséder des dessins de Donatello. Le Musée des Offices expose une fort belle étude pour une tête d'enfant; le Louvre, un fragment de la *Crucifixion* (photographié par Braun); l'École des Beaux-Arts, un *Saint Jean* debout (ancienne collection Gatteaux); le British Museum enfin, une *Descente de croix*, d'une composition vraiment extravagante et du style le plus maniéré. (Braun, n° 271. Cet ouvrage nous paraît du XVIe siècle, non du XVe.) Celui peut-être de tous les dessins attribués à Donatello qui porte le plus l'empreinte de son style est le beau fragment de la *Mise au tombeau* appartenant à Mgr le duc d'Aumale[2].

Il serait chimérique de chercher à classer chronologiquement l'œuvre immense laissé par Donatello. Cependant nous croyons que dans cette carrière, d'une fécondité prodigieuse, on peut, sans trop de témérité, déterminer les principales évolutions du maître et caractériser ses différentes manières. C'est ce que nous allons essayer de faire brièvement.

La première manière — comprise entre les années 1410 et 1425 environ — a pour trait distinctif le réalisme le plus absolu. C'est l'époque à

1. Le traité *de Sculptura*, de Gauricus, parut à Milan, en 1504.
2. Gravé dans *l'Art*, 1879, t. III, p. 253. (Article de M. Georges Berger.)

laquelle prennent naissance les statues d'Or San Michele, du Campanile, de la cathédrale, la *Madeleine* du Baptistère, peut-être aussi le buste de Niccolò da Uzzano.

BUSTE D'ENFANT.
(Collection de M. Miller, à Vienne.)

La période suivante est caractérisée par l'influence de Michelozzo. La fougue de la première jeunesse se tempère et se discipline.

Pendant la troisième période — soit de 1432 à 1444, — l'influence de l'antiquité, favorisée par le nouveau voyage à Rome, étend de jour en jour son empire. Nous en avons pour preuve le *David*, de bronze, les médaillons du palais des Médicis, le *Cupidon*, les rondes d'enfants de la cathédrale.

La rupture avec le réalisme ne fait que s'accroître pendant la dernière partie de la vie de l'artiste, depuis son établissement à Padoue, en 1444, jusqu'à sa mort. La recherche du style s'affirme de plus en plus (comparez notamment les Enfants du Santo de Padoue aux Enfants des cathédrales de Prato et de Florence); elle a pour pendant la recherche des effets dramatiques, le développement de cette éloquence admirable qui éclate dans les *Scènes de la vie de saint Antoine*, dans les *Mises au tombeau*, dans la *Crucifixion*. Ainsi ce vaillant et noble génie a su s'élever progressivement, du réalisme le plus excessif, aux hautes tendances idéalistes des Phidias, des Michel-Ange et des Raphael.

Devenu vieux et infirme, l'illustre artiste florentin n'eut d'autre ressource que la bienfaisance des Médicis [1]. Cosme, en mourant, l'avait recommandé à son fils Pierre; celui-ci, pour acquitter cette dette sacrée, lui fit don d'un petit domaine situé à Caffaggiuolo. Grande joie de Donatello, qui se voit désormais à l'abri du besoin. Mais une année ne s'était point passée que déjà il suppliait Pierre de reprendre son « podere », le suppliant, comme le savetier de la fable, de lui rendre sa liberté et son repos. Aussi bien, quelle existence pour un artiste! ce n'étaient que doléances sans fin de la part de son métayer; tantôt le vent avait enlevé le toit du colombier, tantôt les agents du fisc avaient emmené le bétail pour tenir lieu de contribution, tantôt l'orage avait dévasté champs et vignes...

Pierre, pour mettre fin aux tourments de Donatello, consentit à reprendre son bien et lui assigna en échange une rente payable semaine par semaine chez le caissier de la maison.

Libre désormais de tout souci, Donatello passa tranquillement ses derniers jours dans sa pauvre petite maison de la « Via del Cocomero », près du couvent de Saint-Nicolas. Son unique chagrin fut d'être empê-

1. Ceci doit être pris au pied de la lettre. En 1457, d'après des documents encore inédits, toute la fortune de l'artiste se composait de la maisonnette et du jardinet de Prato, achetés en 1442 pour la modique somme de 23 florins (!), et de créances pour une somme d'environ 40 florins. Les dettes s'élevaient à 25 florins, mais, ajoute-t-il avec la naïveté qui le caractérise, j'attache peu d'importance à ces dettes ainsi d'ailleurs qu'à mes créances: « de' quali ne fo po chonto chome de mia chio o a rischuotere. »

ché par la paralysie de prendre en main le ciseau. Mais il avait assez produit pour avoir le droit de se reposer, et des élèves dévoués, Bertoldo en tête, travaillaient avec ardeur à continuer son œuvre.

Un trait touchant signala les derniers battements de ce cœur si généreux. Quelques-uns de ses parents, étant venus le visiter sur son lit de mort, insistèrent pour qu'il leur léguât la petite pièce de terre qu'il possédait dans le territoire de Prato; mais l'artiste leur répondit : « Je ne puis vous rendre ce service, mes chers parents, parce qu'il me semble équitable de laisser ce champ au paysan qui s'est donné tant de mal pour le cultiver, et non à vous qui ne vous en êtes jamais occupés et qui voudriez maintenant que je vous en fisse cadeau pour vous récompenser de votre visite. Allez! je vous donne ma bénédiction. »

Le plus grand des sculpteurs de la première Renaissance mourut le 13 décembre 1466, âgé de plus de quatre-vingts ans. Sa mort fut un deuil public. Tous les peintres, sculpteurs, architectes et orfèvres de Florence, suivis d'une foule immense, l'accompagnèrent à sa demeure dernière. Plus d'un demi-siècle après, Andrea della Robbia se glorifiait encore à Vasari d'avoir été au nombre des porteurs du cercueil, et le bon vieillard en était tout transporté d'orgueil.

Le plus cher des vœux de Donatello fut exaucé : on l'enterra dans la basilique de Saint-Laurent, près du tombeau de Cosme de Médicis, afin que, de même que son esprit avait été uni au sien pendant sa vie, de même son corps reposât à côté du sien après sa mort.

Les inscriptions commémoratives ne manquèrent pas; mais, par une négligence coupable, aucune d'entre elles ne fut gravée sur le tombeau. C'est au siècle dernier seulement qu'une épitaphe indiqua l'endroit où repose le grand et noble artiste.

Le portrait de Donatello nous a été conservé par son ami Paolo Uccello. Celui-ci l'a représenté en compagnie de Giotto, de Brunellesco, de Giovanni (Antonio?) Manetti et de lui-même, dans un tableau décrit par Vasari, et qui se trouve aujourd'hui au Louvre, dans la galerie des sept mètres [1]. C'est certainement d'après cette peinture que Vasari a fait exécuter sa gravure, reproduite ci-dessus. Masaccio aussi avait représenté Donatello en belle et brillante compagnie, au-dessus de la

1. Gravé dans *la Renaissance en Italie et en France à l'époque de Charles VIII*, ouvrage publié par MM. Didot, p. 133.

porte qui, de l'intérieur de l'église du Carmine, conduit dans le cloître. Mais cet ouvrage a péri.

La gloire de Donatello rayonne sur la Renaissance entière. Les sculpteurs les plus célèbres du XVe siècle ont sollicité ses leçons : Nanni di Banco, le Rosso, Giovanni de Pise, Simone Ferrucci, Agostino di Duccio, Desiderio da Settignano, Bertoldo, Vellano, Andrea Riccio, Andrea dell' Aquila et tant d'autres. Verrocchio professait pour lui une telle admiration que, sur son lit de mort, il demanda qu'on lui plaçât entre les mains un crucifix sculpté par ce glorieux initiateur. Mantegna lui emprunta des figures entières, entre autres, dans une des fresques des *Eremitani*, le *Saint Georges* d'Or San Michele.

Au siècle suivant, Raphael, nous l'avons montré, a copié le *Saint Georges* du maître; Michel-Ange lui a bien pris autre chose, l'essence même de son art. Tout jeune, il s'évertua, dans une Madone en bas-relief, à imiter la manière de son devancier, et il y réussit : on prendrait cette Madone, dit Vasari, pour un ouvrage de Donatello, n'était plus de grâce et un dessin plus serré. Plus tard, le *Saint Marc* d'Or San Michele lui inspira cette réflexion, qu'il lui paraissait impossible de faire une figure qui ressemblât davantage à un homme de bien. En général, il louait beaucoup Donatello et ne lui reprochait que de n'avoir pas assez fini ses ouvrages; vus de loin, disait-il, ils paraissent admirables; vus de près, ils perdent beaucoup de leur beauté.

Les contemporains de Michel-Ange ne s'y sont pas trompés, mais, par politesse, ils ont mis ces rencontres sur le compte du hasard, l'endosseur par excellence. Un des meilleurs amis du grand sculpteur florentin, dom Vincenzo Borghini, ayant fait relier dans son album un dessin de Michel-Ange en regard d'un dessin de Donatello, traça au-dessous en grec cette spirituelle sentence, qui n'est pas exempte d'une pointe d'ironie, et qui résume si bien l'histoire de cette rivalité rétrospective : « Ou Donatello parle le langage de Michel-Ange, ou bien Michel-Ange celui de Donatello. » Vasari, dans sa biographie si émue, dit que les ouvrages de Donatello sont ceux qui se rapprochent le plus des chefs-d'œuvre de la Grèce et de Rome. Benvenuto Cellini enfin le proclame, une fois, « il maggiore scultore che sia mai stato »; une autre fois, plus équitable, il déclare que le grand Donatello et le merveilleux Michel-Ange sont les deux hommes les plus prodigieux que l'on ait vus depuis l'antiquité : « il gran Donatello e il maraviglioso Michel-Agnolo, quali sono istati dua li maggior uomini dagli antichi in qua[1] ».

Il n'est pas facile de résumer dans le petit nombre de pages dont nous disposons les services si multiples et si considérables que Donatello a rendus à la Renaissance, de caractériser l'action profonde qu'il a exercée sur le développement de l'art moderne.

La source à laquelle Donatello a puisé est double : c'est d'une part l'antique, de l'autre la nature. Dans une étude spéciale, j'ai essayé de montrer combien l'artiste du xve siècle a dû à ses prédécesseurs grecs et romains, avec quelle précision ou quelle liberté il a su tour à tour interpréter leurs modèles[2]. Je ne reviendrai sur mes précédentes recherches que pour établir combien l'épithète de réaliste prodiguée à Donatello est inexacte. Le réalisme consiste à supprimer (ou plus exactement à prétendre supprimer) la tradition. Or, quel sculpteur s'est inspiré plus souvent de cette dernière que celui dont nous cherchons en ce moment à définir les tendances ! Le réalisme n'est qu'un accident, non un principe, chez cette nature d'une souplesse merveilleuse ; Donatello sait faire illusion en copiant l'antique aussi bien qu'en copiant la nature vivante, et de même il montre une égale conviction, pour célébrer soit le paganisme soit le christianisme.

Donatello, qui a si bien connu l'antiquité, l'a-t-il égalée ? On peut répondre oui et non, selon le point de vue auquel on se place. Rapprochés des frontons ou des métopes du Parthénon, il est certain que les ouvrages du sculpteur florentin ont tour à tour quelque chose de sec, d'apprêté, de grêle ou de sommaire. C'est que la simplicité antique tient à la connaissance approfondie du corps humain, connaissance acquise, non point par les études anatomiques, comme chez Michel-Ange, mais par l'étude assidue du modèle nu dans les palestres. Cette simplicité n'est donc au fond qu'une science absolument sûre d'elle-même, mais qui ne s'est élevée à ce degré de perfection qu'en sacrifiant tout un côté de la nature humaine, je veux parler de l'expression morale, ou plus exactement de l'expression des passions. La beauté physique, et plus

1. Vers la fin du xvie siècle encore, un écrivain florentin, Bocchi, consacra un traité spécial à l'éloge du *Saint Georges* de Donatello.

2. *Les Précurseurs de la Renaissance*, p. 58-76.

souvent encore que la beauté, la représentation de l'effort physique, priment tout chez les statuaires nourris à l'école des Phidias, des Polyclète, des Lysippe, des Praxitèle. Qu'y a-t-il chez ce Discobole, dont le corps péniblement contracté est devenu comme un ressort, qu'y a-t-il chez ce Faune qui met toute sa gloire à danser habilement, ou chez ces Lutteurs de la Tribune de Florence, si ce n'est un corps vigoureux rompu aux exercices les plus ardus !

Le christianisme, en mettant la beauté morale au-dessus de la beauté physique, et l'âme au-dessus du corps, a favorisé les génies ardents, passionnés, au premier rang desquels brille Donatello. Inférieur aux anciens pour l'interprétation harmonieuse du corps humain, comme le grand sculpteur florentin l'emporte sur eux quand il s'agit d'exprimer les émotions, les agitations de l'homme moderne ! La passion a-t-elle jamais trouvé des accents plus éloquents !

Comparé aux sculpteurs du moyen âge, Donatello se distingue par l'abondance des moyens d'expression qu'il a ajoutés à l'héritage de ses devanciers. Grâce à lui, on est en droit de l'affirmer, la sculpture italienne est définitivement affranchie; il n'est plus de connaissances, en matière d'anatomie, de physionomie, de perspective, plus de secrets en matière de style, qu'elle ne possède à fond, plus de sujet qu'elle n'excelle à interpréter. La note gaie, voire ironique, est aussi familière à Donatello que la note grave et émue ; tour à tour il se montre tendre ou fier, fin ou pathétique, il s'entend également à provoquer le sourire et les larmes, à manier la raillerie et à traduire l'extase, à faire preuve de verve ou à faire preuve de passion : en un mot, vis-à-vis de la forme comme vis-à-vis de l'idée, le sculpteur florentin a conquis la plus complète indépendance, cette indépendance qui est le signe caractéristique de l'art moderne. La liberté de la facture est tellement grande chez lui, que plus d'un de ses bustes pourrait passer pour moderne. Considérez, par exemple, son *Saint Laurent*, dans l'église du même nom, à Florence (gravé ci-dessus), et sa *Sainte Cécile*, au musée de South Kensington, on les croirait du XIXe siècle plutôt que du XVe.

Aussi, malgré tant de créations profondément religieuses, il ne reste plus rien, chez Donatello, de l'esprit du moyen âge. L'homme, si longtemps timide, embarrassé, courbé, se redresse et reprend courage. Nous voyons surgir le représentant des temps nouveaux, ou plutôt nous voyons renaître la race des héros et des sages de l'antiquité, prêts à fouler aux pieds « metus omnes et inexorabile fatum ». Il peut bien convenir à de telles natures de faire pénitence, comme saint Jean-Baptiste et sainte Marie-Madeleine; de souffrir le martyre, comme saint Sébastien ; de pleurer leur maître mort, comme les disciples ensevelissant le Christ ; mais ce qui leur est étranger, et ce qui a disparu pour toujours du domaine de l'art, ce sont les terreurs mystérieuses, et ce fatalisme qui pèse, comme un cauchemar, sur tant de productions du moyen âge.

Comparé à ses contemporains, Ghiberti et Lucas della Robbia, Donatello est le révolutionnaire, Ghiberti et Lucas della Robbia sont les représentants de la conciliation. Tandis que le premier rompt violemment avec la tradition, ses sages et scrupuleux rivaux s'efforcent de ménager la transition du passé à l'ère nouvelle; profondément imbus, tous deux, du sentiment chrétien, ils ne refusent pas, Ghiberti surtout, d'emprunter à l'antiquité quelques-unes de ses formules pour exprimer plus dignement leurs convictions; de même ils sauront tenir la balance égale entre l'étude de la nature et la recherche de l'idéal. Aussi, quoique Donatello ait formé infiniment plus de disciples directs qu'eux, leurs tendances sont celles qui répondent le mieux à l'esprit du xve siècle, à l'esprit de cette époque médiocrement portée aux excès de n'importe quelle nature. La note tendre et pieuse que Ghiberti et della Robbia ont mise dans leur art se retrouve d'un bout à l'autre de la sculpture italienne de la première Renaissance, chez les Rossellino, les Desiderio, les Mino, les deux frères da Majano, et l'immense majorité de leurs contemporains.

Il faudra au contraire attendre jusqu'à Michel-Ange pour voir revivre la « terribilità » de Donatello. C'est qu'il n'y avait que les artistes absolument supérieurs qui pussent reprendre, sans risquer d'échouer, une telle tradition. Le sculpteur florentin, nous le répétons, a compté des disciples innombrables, et jusqu'à nos jours, en passant par le Bernin, il n'a cessé d'inspirer la sculpture de tout pays. Est-ce donc qu'il a inauguré une méthode réellement féconde, réellement pédagogique? Je ne le crois pas. Son influence tient à la supériorité de son génie, non à la supériorité de ses principes. Artiste avant tout primesautier et original, il ne s'est jamais occupé d'élaborer une doctrine. Ses contradictions incessantes, l'imprévu de ses résolutions, ses fluctuations entre l'étude de la nature et l'étude de l'antique, ne pouvaient que dérouter ceux qui venaient lui demander des conseils, des leçons. C'est, répétons-le, à la fascination seule d'un génie sublime que Donatello a dû, comme d'ailleurs Michel-Ange, de dominer plusieurs siècles durant l'art européen.

Le propre de ce génie, c'est la toute-puissance de l'artiste vis-à-vis de son art, c'est l'absence de doutes et l'absence de scrupules, c'est l'idée formée de toutes pièces dans le cerveau avant que la main ne saisisse l'ébauchoir, et la volonté fixant cette idée dans le marbre ou le bronze avec une liberté et une audace incomparables. Telles sont la rapidité et la sûreté avec lesquelles les conceptions de Donatello prennent une forme palpable, que la critique n'a même pas le temps de découvrir la trace d'un effort; le chercheur s'est éclipsé pour ne laisser voir que le trouveur. Est-ce bien à des tempéraments aussi despotiques que convient l'épithète de réaliste, que l'on se plaît aujourd'hui à accoler au nom de Donatello?

Dans le premier de ses sonnets à Vittoria Colonna, Michel-Ange a proclamé, en un langage admirable, le principe de cette omnipotence : « Un simple bloc de marbre — tel est le sens général du premier quatrain — renferme toutes les idées (il concetto) que l'artiste le plus éminent puisse concevoir, mais seule la main qui obéit à l'intelligence réussit à les en dégager. »

Les uns, et ce sont là les vrais réalistes, consultent anxieusement la nature et se règlent sur elle ; les autres, les génies libres et altiers, les Donatello et les Michel-Ange, la dominent et au besoin la violentent; ils n'ont de cesse qu'ils n'aient découvert au fond du bloc de marbre l'idée, le « concetto », qu'ils poursuivent : pour eux, en d'autres termes, la connaissance de la nature n'est que le prélude d'efforts nouveaux ; elle leur permet de donner plus d'éclat et de durée à leur idéal, à cette glorification de la beauté, du courage ou de la noblesse, qui seule fait, à travers les siècles, la consolation et l'orgueil de l'humanité.

CATALOGUE ET BIBLIOGRAPHIE

Les auteurs du XVe et du XVIe siècle, Fazio, A. Manetti, Gaurico, Albertini, M. A. Michiel, ne nous ont laissé que quelques notes éparses sur la vie ou l'œuvre de Donatello. Le premier, Vasari a publié une biographie qui sert aujourd'hui encore de base à nos études sur le maître. (On se servira de préférence de l'édition de la vie de Donatello, publiée par M. Frey; Berlin, W. Hertz, 1884, in-12.)

La description de la statue de saint Georges, par Bocchi (*Eccellenza della statua di S. Giorgio di Donatello;* Florence, 1584, in-8°, traduite en allemand dans le volume de M. Semper), n'est qu'une amplification de rhétorique. De même, l'éloge de Donatello, par Baldinucci, n'est que le développement oratoire de la biographie de Vasari.

Parmi les auteurs du XIXe siècle qui se sont occupés de Donatello, il faut citer Cicognara (*Storia della scultura*, éd. de Prato, t. IV), — Francioni (*Elogio di Donatello, scultore;* Florence, 1837, in-8°). — Rio (*De l'art chrétien*, nouv. édit., t. I, p. 321 et suiv.), — Perkins (*les Sculpteurs italiens*, édit. franç., t. I, p. 153 et suiv., et *Historical Handbook of italian sculpture;* Londres, 1883, p. 73 et suiv.), — Burckhardt (*der Cicerone*), — Semper (*Donatellos Vorläufer;* Leipzig, 1870, in-8°, et *Donatello, seine Zeit und Schule;* Vienne, 1875, in-8°. Cf. le compte rendu de M. Janssen, dans la *Zeitschrift* de M. de Lützow, 1876, p. 316 et suiv.), — Prévost (*Aperçus sur Donatello et la sculpture dite réaliste;* Paris, 1878, in-8°), — Rosenberg (dans *Kunst und Künstler*, de M. Dohme), et enfin M. Bode (*Donatello à Padoue;* Paris, 1883, in-fol.).

Aucune tentative n'a été faite jusqu'ici pour dresser le catalogue de l'œuvre de Donatello. Ce n'est pas dans ce modeste essai que nous pouvons essayer de combler une telle lacune. Nous avons, croyons-nous, mentionné, dans le corps même de notre travail, tous ceux des ouvrages du maître qui présentent les caractères d'une authenticité indiscutable. Quant aux ouvrages douteux, la liste en est trop longue pour être rapportée ici.

Il nous suffira de citer, outre les ouvrages décrits ci-dessus (p. 90-106), outre le buste de jeune fille du Musée national de Florence, outre ceux qu'a mentionnés M. Semper, la poignée d'épée de « l'Armeria » de Turin, avec la signature *Opus Donatelli florentini* (n° 953 ; catalogue de 1840, p. 297-298), le volet d'armoire aux saintes huiles, conservé à l'Académie de Venise (gravé dans Cicognara), le « putto » de la bibliothèque de Rimini, la figure couchée de sainte Justine, au South Kensington Museum, décrite par M. Sidney Colvin (*The Portfolio*, 1883, p. 173-175), enfin différents marbres, bronzes ou terres cuites du même musée, décrits par M. Robinson (*Italian sculpture...* Londres, 1862), et du Musée de Berlin, décrits par M. Bode (*Italienische Portraitsculpturen des XVten Jahrhunderts in den königlichen Museen zu Berlin;* Berlin, 1883). Ajoutons, pour terminer, que Donatello n'a qu'exceptionnellement signé ses ouvrages. Il s'est servi dans ce cas de la formule *Opus Donatelli.*

TABLE DES GRAVURES

FIN DE LA TABLE DES GRAVURES.

TABLE DES MATIÈRES

CHAPITRE VI

FIN DE LA TABLE DES MATIÈRES.

Paris. — Imprimerie de l'Art. E. Ménard et J. Augry, 41, rue de la Victoire.

www.ingramcontent.com/pod-product-compliance
Ingram Content Group UK Ltd.
Pitfield, Milton Keynes, MK11 3LW, UK
UKHW021101260726
13994UKWH00002B/636